U0021858

那些錯過，但不遺憾的人

從 12 個不完美的關係中，看見成長的勇氣

冒牌生——

著

作者序

那些錯過，都將指向更美好的未來

「那些錯過，但不遺憾的人」，提到這句話，你的腦海裡浮現了誰的臉龐？又是誰讓你懂得了這句話？

不管你想到了誰都無所謂了，我要先恭喜你：

「上天要給你好運以前，他一定會幫你清理身邊的關係，所以錯過一些人，不要覺得遺憾。這只是在提醒你，把時間和精力，留給真心對待你的人。」

前陣子我陷入低潮，那時候剛好是我的生日，卻在這時發現，原來我投注心血，努力經營了五年的感情，只是一場騙局。雖然身邊有朋友作伴，但我知道我的心已經被撕成碎片了。

痛苦的時候做什麼都提不起勁，每天過得就像行屍走肉。

一個月後換朋友生日，朋友為了慶祝生日，他和他的妻子約我到墾丁旅行。

整趟旅程我時常放空，甚至有一次，我哭著跟朋友說，以前我跟他是兩個人來墾丁玩，現在只有我一個人了。

我朋友和他的妻子對我說，我們是三個人來玩，不是你一個人。

那天晚上我們一群人幫朋友慶生，他許下的第一個生日願望居然是：「希望冒牌生能早日恢復元氣，不要沉寂在失戀的痛苦裡。」

我感受到朋友的愛和關懷。一年過去，我好多了，就像榮升熹貴妃的甄嬛，從甘露寺回宮那樣重整旗鼓，一年出了兩本新書，開設新的線上課程。

我遇到了更好的人，也明白了愛情裡，選擇愛哪一種人很重要。

選對一個好的愛人，可以減輕一半的人間疾苦；一旦選

錯一個不適合自己的人，你會發現，一切的人間疾苦都是他帶來的。

那些錯過，但不遺憾的人也讓我茅塞頓開！種什麼花結什麼果，做人真的要誠摯地互相對待才會有善的循環。每種痛苦的背後都藏著一份「愛」，有可能是愛自己，有可能是愛別人，還有可能是愛而不得。

愛而不得是我們每個人都必須面對的功課。

當你被困在這樣的僵局裡，你可能會感覺沒辦法了，生命沒有突破的可能了，乃至於感到非常絕望。

可是，老天讓你在這個時間點看到我的文字，閱讀到我分享的幾句感悟，可能是想要傳遞一份信念，把你生命中的某些能量，經過我交還給你。

這世界不是只有你一個人在痛苦著，也不是只有你一個人待在黑暗的深淵，別人有辦法解決，你一定也有辦法突破。

我們的人生難免會遇到一些錯過但不遺憾的人，即使愛情沒有標準答案，還是有過來人的經驗可以讓你少受點傷。

我整理了十二個不完美的戀愛關係，與十七篇愛情感悟。

這些故事和愛情感悟裡面，蘊含的自我相處小技巧，對於你生命裡的某些狀況一定是有幫助的。

它帶著一份愛的能量，要讓你知道，你不必變得更好才值得被愛，你已經值得被愛了。

2023/07/17

[目錄]

［專欄目錄］

愛的感悟

Part1

Part2

我們不能強迫別人愛你，
我們只能愛自己，
並告訴自己值得被愛。

是不是哪裡錯了，
才會愛得那麼辛苦？

01

我們之間的愛，
要你自己去感受

主角背景：L ／ 34歲 ／ 文創業

　　前陣子，我結束一段六年的關係，這六年讓我漸漸變成了恐怖情人，這裡的恐怖情人不是指有暴力傾向，而是我漸漸變得扭曲，直到連我都不認識自己了。一切的起因是每當我詢問彼此關係時，對方總是給我一個開放的答案。

　　「我們之間的愛，要你自己去感受。」

　　剛開始聽到這句話，我感覺一定是自己哪裡做得不對，也許是不夠支持他的夢想，也許是經濟上讓他不夠有安全感，

也許是給他太多壓力了……我總是企圖從自身找到原因，希望可以得到他的愛。

然而，為了讓我們彼此有更多的相處機會，我直接聘用他做我的助理，薪水從三萬起跳，享有分潤，沒有固定上下班時間，一個月上班十五天，工作內容涵蓋旅行、拍照、打卡。

變成恐怖情人的第一個象徵，就是試圖用錢買到更多的愛和陪伴。

從小到大我被教育的方式是，想要的東西必須自己努力去獲取，出社會奮鬥了幾年，工作取得了一定的成績，隨著年齡的增長和周遭長輩的壓力，我追求的不再是物質、工作的滿足，而是渴望有個人陪。

我明知道他的工作能力和態度都不符合我的需求，但為了讓他留在我的身邊，我會買最新的手機、當季的名牌包包，希望付出更多的金錢來讓他更喜歡我。

仔細算算，這五年來我至少花了三百萬在他的身上。

我很清楚，這一切都是因為我喜歡他，希望他也能喜歡

我。然而，每當我問他，我們現在到底是什麼關係？

他總會告訴我：「我們之間就是工作關係。」

「你不要每次都這樣說，這會讓我患得患失，我們之間到底有沒有愛？」

「我們之間的愛，要你自己去感受啊。如果我不喜歡你，我不會那麼包容你，不會接受你的負面情緒，如果我們只是單純的工作，我需要做到這種程度嗎？」

他一直沒有給我肯定的答案，卻又表現得非常溫柔體貼，讓我始終抱有希望。

身邊的朋友看在眼裡，分成兩派。

一派告訴我，這個人不是真的愛你，他只是想要從你身上拿到更多的好處；另一派則是告訴我，你太強勢了，對他頤指氣使，也許更尊重他一點，讓他做自己，你們就有機會在一起了。

無論別人怎麼說，我選擇聽自己想聽的，也始終認為我們的關係只有彼此才懂。

我把問題歸咎在自己的身上，或許真的是我不懂得尊重

他，例如，我曾在吵架的時候說過許多傷人的話：「你以爲你很難取代嗎？我可以很快找人取代你！」「你再不跟我確認關係，我們就不要一起工作了！」「你是不是只爲了錢才跟我在一起？」

「好啊，那你可以自己決定要不要繼續啊，我根本不在乎這些薪水啊，你覺得你給我的這些錢眞的可以綁住我嗎？錢是買不到我的！」他總會這樣回答我，讓我感到愧疚，覺得自己又用了錯誤的方法對待他，怎麼可以僅僅用錢來定義我們之間的關係呢？

不夠尊重，是我漸漸變成恐怖情人的第二個象徵。

爲了不讓情況惡化，我決定求助專業人士，去看身心科，希望透過探索內心得到解套。

諮商師告訴我，如果對方都已經告訴你，可以自行決定要不要繼續了，那麼爲何還是不肯結束呢？持續拉扯，高壓的狀態只會把愛慢慢消磨掉。

這些我都知道，但這樣的拉扯都已經持續六年了，我始終

認為彼此有機會，他只是嘴巴這樣講，但從來沒有真的離開過，也許我需要做的是，**要求少一點，對他好一點，再努力一點就好了**。然而，我忘了目標是可以透過努力越來越靠近的，人卻不行。

四月，我們為了慶祝他的生日出門旅行，回程時我替他買的最新款iPhone出現了一通未接來電，這個人的名字我略有印象，但又不確定是誰，我問：「這是誰？」他不願意告訴我，幾次追問之下才說：「是表弟，之前已經說過很多次了，你卻總是不記得。」我聽完很不好意思，這似乎再次證明，我總是太自我中心，沒有把對方說的話聽進去。

我又是陪笑又是道歉，也把這件事情告訴諮商師，我好像又做錯了，應該多多信任彼此的關係，不是總在質疑對方，也不把對方說的話放在心上。

兩個月後，我發現自己變得更恐怖了，變得更患得患失，已經不認識自己。

多年來，我雖然沒有得到他的承諾，但內心深處始終認

為，都六年了，還有誰比我對他更好呢？然而，每次見面談到彼此的關係，他總讓我無所適從，也把我逼到瘋狂的邊緣。

今天他會告訴我，要相信彼此的關係，他就是一個不願意給答案的人，卻總是願意滿足我的不安全感，給予答案，我到底還有什麼不滿的呢？

第二天當我冷靜下來，決定要好好感謝他願意給我答案和希望，他又會直接告訴我：「沒有希望！不要用這種有希望的方式描述我們之間的相處。」

我實在是無所適從，無論求助心理諮商師，或者身邊的朋友和夥伴，我不知道到底該怎麼做才對。大概是害怕失去，害怕再也找不到一個比他更好的人陪伴吧，我不快樂卻始終不願離開，這也讓我越來越緊繃，似乎每當我抓得再緊一點，就會把他推得更遠一點。

這五年我們一起工作、一起旅行，同吃同住，我有錢也不怕沒人追，對他死心塌地，還有誰比我好？雖然他不肯給我肯定的答案，但我心裡卻認為，他就像孫悟空，飛著飛著，

最後都會回到如來佛的手心裡。

　　直到有一天，身邊的共同朋友很委婉地建議，何不上臉書查查他的照片，也許會發現一些我從不知道的事。六年來我首度上臉書查詢他的名字，我發現許多他和表弟的照片，他們一起出國、一起慶祝生日，還有許多表弟和他家人的合照。

　　我沒想太多也不想去質疑他，我還是認為問題出在我身上，是我不夠好，讓他不願意和我在一起。我企圖用工作的名義綁著他，希望用時間換取在一起的可能，卻又忘了在一起需要兩個人的決定，而離開只需要一個人下定決心……

　　這一天，他決定主動結束這段關係，未來我們不會在一起工作，他也不願意再那麼溫柔地對待我，即便我們什麼都發生過了，他還是想要表明態度，錢是買不到他的。

　　他告訴我，這麼多年來，他總在包容我的情緒，他想結束了，他認為，我們想要的不一樣，對於愛的看法也不一樣。

　　六年的關係結束後，我的情緒低落了好久，我還是在自己身上找問題，都是我的錯，是我索取得太多，把他越推越遠，即便給了他再多的經濟支持，替彼此描繪了再美麗的未

來，一切也是徒勞無功。

身邊的朋友們勸我，別再指責自己了，他也沒多好，真正的愛不是互相傷害，他總是不給我一個肯定的答案，他也有問題。

每次聽到這些聲音，我總會替他說話，也還在期待兩個人有其他的可能。

那陣子，我總在聽蔡依林少女時期的經典名曲〈你還愛我嗎？〉、〈假裝〉、〈妥協〉……我突然領悟到，那些歌詞都把自己放在了泥塵裡。

朋友們看我鬱鬱寡歡，試圖讓我振作，他們約我外出吃飯、旅行，但真正讓我清醒的是一張交友App的照片。

結束關係的兩個禮拜後，我在交友App看到了「表弟」的照片，暱稱寫著「想約」。

我點進去寒暄了幾句，然後切入正題，問了句：「你單身嗎？」

表弟告訴我，類單身，他有個交往九年的男友，最後三年都不願意跟他發生關係。

我的腦海中突然浮現了那個熟悉的面孔。

我又問了一句：「你們有確認關係嗎？」

表弟說：「都九年了，怎麼會沒有確認關係。」

「我也剛剛結束一段六年的關係，但他始終要我自己去感受彼此的感覺，一直不肯給答案。」我說。

「哈哈哈，我們都同居了，睡在同一張床，怎麼會沒確認彼此的關係呢？」

「你們同居了？」我驚訝得無以復加！

「對啊，住在他家，他的爸媽也住在一起。」

聊著聊著，我發現我們口中的那個人，有著同樣的星座，同樣的家庭背景，甚至連住的地方都是一樣的。

我才知道自己被徹底騙了五年，那一刻我終於醒了，為什麼他不能給我答案，為什麼不能和我確認關係，我終於明白了！原來他早就有了一個交往九年並且同居的對象，他一直很會說話，但所說的話到底有幾分真、幾分假？又有多少是為了讓自己的利益最大化所說的。

直到現在回想起，我都是一陣毛骨悚然，畢竟無傷大雅的

那些錯過，但不遺憾的人

小謊和徹底的欺騙，分別可大了！

這幾年我對他敞開心胸，毫無保留，他卻利用了我的愛，替自己謀利。也許剛開始的時候，他不是刻意隱瞞的，但自從我第一次詢問彼此關係時，他沒有據實以告，那就是刻意欺騙了，隱瞞的理由除了害怕失去，我想不到更好的解釋。

為了維持謊言，他始終讓我覺得自己哪裡做得不夠好，我只能試圖用更多的物質條件去討好他，當已經給到無法再給的時候，只好自我探問是哪裡不對。實際上最根本的原因就是來自他的隱瞞。

我曾經一度以為這段關係讓我漸漸扭曲，簡直變成人人聞之色變的恐怖情人，但我自始自終遇到的就是一個超級恐怖的情人。

站在他的立場來說，或許他從來沒有給過承諾，也沒有承認過這段關係，這樣就不算欺騙隱瞞，也不會有人受到傷害。其實，我的心早就受傷了；而從那天開始，我終於清醒了。

心死的我正式結束了這段關係，最大的轉變在於，我不再糾結自己到底哪裡不夠好，不再爲他的幾則「限時動態」感到患得患失、對號入座，畢竟我對情、對愛、對他，從來沒有虧欠的地方。

　　我也不再以歌寄情，什麼〈你還愛我嗎？〉，徹底放下後才發現實在是太傻了，傻得把自己放在卑微的後頭，根本一點意義也沒有。

　　這段六年的關係，有許多人一直提醒我，說我陷得太深，有太多的蛛絲馬跡都表明了，他並不愛我，朋友們苦口婆心地勸我：「他對待你的方式不是愛。」

　　我始終不願醒來，因爲我不想承認失敗，似乎一旦承認這段關係的結束是失敗了，就是眞的被騙了。

感情失敗了又怎麼樣呢？我們都有權利結束一段讓自己不快樂的關係，也要替自己有限的時光設下一個停損點。

　那些錯過，但不遺憾的人

我終於不再思考「他為什麼不愛我」、「他到底愛不愛我了」。我們不能強迫別人愛你，我們只能愛自己，並告訴自己值得被愛。愛是一種感受，彼此所給的方式各自不同，當你無法感受到他給你的愛，也許是他根本就不是在用你想要的方式愛你，無論你再怎麼努力找尋問題，去迎合和改變都沒有意義。

　　愛是不能強求的，建立在謊言的關係一點也不值得，這樣不會讓自己好過一點。這個世界有很多人會選擇用自我欺騙的方式，努力維持關係，讓心情好過一點，但那不是我的選擇。

　　說實話，清醒的那一刻有點悲傷，我捨棄了一段長達六年的關係，我曾經以為遇到了一份難得的溫柔，且為了延續那份溫柔做了好多努力，努力讓自己變得更好，努力讓自己變得更強大。

　　但這些努力卻沒有辦法填補內心的無助感，甚至讓我越來越扭曲，彷彿是為了證明自己不值得被愛，一而再、再而三地去刺激自己的底線，讓我變得不像自己，那些深埋心裡的

焦慮和壓抑變成了一根根的刺，最終支離破碎。

現在的我，終於結束了一段糟糕的關係，正式畫下句點後，心情瞬間放鬆很多，之前糾結得太累了。

如果你還放不下，那就先誠實面對自己的心情吧。放不下沒關係，日子還是要過，先轉移你的注意力。轉移注意力不是為了抹掉痛苦，而是平衡心情，讓自己不是那麼無助。

這世界不是只有你一個人，好好想想那些支持你的、給你關心的、可以傾訴的人。轉頭看看自己擁有的，以及這幾年想做卻還沒做的事情。邁向下一段旅程的時間到了；喜歡自己，重展笑顏的時候也到了。

選擇一段適合自己的關係，堅持自己的原則，珍惜那些愛你的人，而不是消耗你的恐怖情人。

三件事教你鑑定是不是談了一場假戀愛：

第一，你總覺得對方不符合你的理想？

人與人之間不可能百分之百相合，愛情就像跳舞，有進有退，不全是以自己為中心。不要總在對方身上尋找自己從小到大沒有被滿足的情感。當你把太多的遺憾和感情寄託在他人身上，會形成惡性循環。互相欣賞、互相喜歡，共同成長才是愛的本質。

第二，同情和依賴不是愛

很多時候，強者常會對弱者產生同情，弱者也常錯把依賴的心態誤以為是愛情。就像好萊塢的電影裡，很常出現類似的情節，醫生、護士、病人相戀。我們都有同情心，也會有依賴感，若沒有經過時間和現實

環境的考驗，這樣的感情基礎很薄弱，也不是愛。

第三，你是寂寞還是想要有個伴？

寂寞時很容易把他人的關心誤認為是愛，但愛不是單方面的一廂情願。很多時候，你不在意對方的核心需求，不在意對方的內心感受，只在意自己付出的是不是有所回報，那麼這就是一場假戀愛。

寂寞不是愛的理由，愛也不是付出就能得到所有，幸福不必被打分數；只需要做出選擇，忠於自己的決定。愛會因為懂得珍惜而美好。

那些錯過，但不遺憾的人

上天要給你好運以前，一定會幫你清理身邊的關係

上天要給你好運以前，一定會幫你清理身邊的關係，所以錯過一些人，不要覺得遺憾。這只是在提醒你，把時間與精力，留給真心對待你的人。

我們都曾經歇斯底里地愛過一個人，你把你認為最好的都給他了，以為總有一天他會明白你的好。哪怕那些付出讓你遍體鱗傷、面目全非，就為了乞求一點點他的愛意。

我曾經歷過一段感情，我把我能給的，最好的東西都給出去了，以為掏心掏肺能夠換來他的感動。沒想到換來的是一句：「我沒逼你做這些，你給的不是我想要的。」

很sad吧！多年的青春餵了狗。

我相信很多人都遇過這樣的情況吧，用盡全力卻換來無情無義。

還有些人更傻，明知道付出沒有結果，還是繼續等待，只求一句，要對得起自己的感情，希望對方多年後想起的時候，能說一句：「我曾經錯過一個對我很好很好的人。」這樣的人多半是還沒清醒，你真的想要對得起自己，最好的做法就是學會及時止損。

有句話說得太好了，每個人都只會記得自己跋山涉水去見的人，而不是翻山越嶺來見自己的人。但沒關係的，人生難免會經歷一次飛蛾撲火的愛，嘗試過以後，你會明白，拿不來的東西，就不要勉強。

任何關係凡覺辛苦皆是強求，尊重自己的底線，比討好別人更重要。

02

謝謝妳願意幫我

主角背景：M ／ 49歲 ／ 高級經理人

前陣子心情不好，我約了姐妹出門吃飯，飯局上又再次聊到那個男人。我不敢相信自己耗費了三十年的青春和他糾纏不清，一直到現在，我的人生都還是沒有徹底脫離他。我曾對他說：「我相信你第一次，我相信你第二次，我相信你第三次，我到底還要相信你幾次！」

那天聚餐，姐妹們問我，他如果再次回來，我會不會對他心軟？

我想了想說：「他不會。」

姐妹們用玩味的表情看著我，要我仔細想想，自己到底說了些什麼？

我的回答是「他不會」，而不是「我不要。」

我試圖解釋，但回想這三十年的經歷，我能明白她們為何會這樣恨鐵不成鋼。

當年認識的時候，我才十九歲，嬌俏可人，還有人說我是大學班花。他和我年紀差不多，剛從南部上來臺北讀書，那時候，我們談了一段甜甜的初戀。

他每天都幫我買早餐，每個週末都花兩個小時的來回時間，騎車陪我回家。朋友們都羨慕我有個好對象，他把我擺在最重要的位置，也願意和我的家人們相處。

我的父母剛開始很喜歡他，覺得他是個可造之才，雖然家境不好，但很有上進心，想要創業，我的父母甚至幫了他一把，投資他成立一家貿易公司。

那時候我們談過結婚，但他認為還要拚事業，我玩心也還重，不想就這樣步入婚姻，於是蹉跎了幾年。出社會以後，他忙於創業，我也忙著處理家裡的事業，兩個人都忙得焦頭

爛額的，感情也漸漸淡了。

我們最後選擇分開，他向我們共同的朋友說，他覺得我太強勢，在我身邊沒有自我，一切都要以我為中心。我覺得兩個人相處必須互相，所以有試著調整，但人的本性不是說改就能改的。最後我們沒有在一起，分手以後，他很快就選擇了別的女人結婚生子。

當年結束得不算難看，算是和平分手，我對他的付出無怨無悔，即便最後沒有在一起，還是祝福彼此都好。

第一次失戀讓我很痛苦，後來也試著談了幾次戀愛，可是感覺始終不對。我總會試圖打聽他的消息，得知他的事業越做越大，生了兩個孩子，明明是應該替他開心的事情，卻有點失落，覺得我們就像兩條交錯的直線，越離越遠。

直到隔了幾年，我接到了一通電話，電話那頭響起熟悉又陌生的聲音。他的聲音聽起來低落又迷惘。

那時候我三十五歲，事業得意，而他卻遭逢人生低谷。那幾年網路泡沫，他的投資失敗，現在家破人亡，一敗塗地、一無所有，欠債、沒錢、老婆鬧著要離婚，人生轉眼成空。

他說在最無助的時候，想起了曾經辜負過的我，想和我說說話。分開了快十年，也許是緣分吧，我心軟了，決定在他最無助的時候陪在他的身邊，於是我出錢又出力，幫助他順利再次發展事業。

那兩、三年我們一起工作、拚事業，算是圓了我當年的遺憾。他的事業漸漸回到軌道，他總把感謝的話掛在嘴邊，也承諾會離婚，要和我在一起。

他總告訴我，「謝謝妳願意幫我。」

我不在意這些，他說得再漂亮，過好現在的日子才是真的。大概是心裡還是有股傲氣吧，我從來不會催促他，畢竟，如果他真的愛我，就會處理好身邊的關係。

這是我第二次相信他了，只是沒想到，他最後哭著告訴我，孩子還小，他不能那麼自私，最後還是選擇回到妻子的身邊。

我當年也不到四十歲，要錢有錢，要人有人，何必糾纏著一個有家室的男人，我灑脫地告訴他，老娘不是沒人要，不需要靠你這個負心漢，不是你不要我了，是我也沒選擇你。

那些錯過，但不遺憾的人

結束的那天，我大醉了一場，酒醒了以後還是一條女漢子。接下來的日子，我決心拚事業，男人、感情什麼的都不重要了。

後來，我再次接到男人的電話，他這次離婚又結婚了，身邊的錢被枕邊人騙走了，原因是他太相信那個來自中國內地的可憐女人了。

他在電話那頭說，越美麗的女人越不能相信，那個當年小他二十歲的女人，剛出社會什麼都不會也不懂，柔弱、需要人幫助，是他手把手地教會了女孩一切的人情世故、經營往來。他本來以為自己不會動心，只是露水情緣，對方也沒吵著要他離婚，女孩說就是喜歡他顧家。

沒想到顧著顧著就多了一個家！他把人家女孩的肚子搞大了，剛開始女孩說會自己好好照顧孩子，但男人左思右想，自己的孩子都大了，最小的都上大學了，長年聚少離多，他想給自己第二次的機會，好好對待新的孩子。

於是，他組成了新的家庭，沒想到女孩結婚以後就像變了一個人，不再像以前那樣地百依百順，時不時要錢回去救濟

老家的父母兄弟，越要越多，就像個無底洞，最終他再也供奉不起了。人家也覺得他的口袋沒有想像中得深，最後撈完了一筆，把孩子帶回老家，寄了一封離婚協議書給他。

他說，他又想到了我，當年的初戀，只有我才是那個一心一意對他好的人。聽完他的故事，我有點開心、有點竊喜，又有點感慨。

不曉得為什麼，我又想到了當年他對我說的：「**謝謝妳願意幫我。**」

沒想到男人的嘴，真的是騙人的鬼。五年以後，他又回到了原本的家庭。

電視裡傳來女明星離婚後二十年沒換電話號碼，最終等來了韓國初戀男友的新聞，兩人再續前緣，幸福快樂生活在一起的報導。我也保留著電話號碼沒有換，內心深處，我還是渴望一份愛情，所以當時選擇相信這個男人，再次接受了

他，但結局並不美好。

我不曉得自己對他為什麼總是這麼容易心軟，回想這三十年的時間，我始終選擇相信他，拿出多年積蓄幫他東山再起。他總告訴我會離開現在的老婆，和我結婚，但每次都沒有兌現承諾。

朋友說，他或許把我當成一個安穩的避風港，但只是偶爾投靠一下，並沒有要永遠留在這裡的意思。

我覺得問題不全然出在他身上，我也有很多問題，畢竟是我一次又一次地接受他的傷害。於是，我對朋友說，有些感情的事情只有我們知道，他沒有那麼壞，我也沒有那麼好。

朋友說，再吵的鬧鐘也叫不醒一個裝睡的人，這三十年妳不但浪費了自己的青春年華，甚至還浪費了錢，在一個不值得的男人身上！

我說，我當然也知道啊！前幾次吵架的時候，我對他大吼：「我相信你第一次，我相信你第二次，我相信你第三次，我到底還要相信你幾次！」

上次吵架讓我們恩斷義絕，兩個加起來都快一百歲的人，

還是被感情和人生搞得焦頭爛額。他說就是因爲這樣，我們才不可能在一起，本質上，我們就是不同的人。我們兩個人喜歡的事情，看中的東西都不一樣，他想要功成名就，剛開始他會喜歡我，是因爲覺得我身上有他渴望的一切，好的家庭、好的工作。

我聽完冷冷地笑，並直截了當地告訴他，這不是他利用我的理由。

他說，他從來沒想過要利用我，他認爲我不應該把話說得那麼難聽，我對他的好，一切也是有目的，有代價的。

他認爲他想要的只是尊重，而我從來都不懂得尊重他，所以他所得到的一切，物質、支持，不是來自於愛，而是源自我的愧疚，那些物質的東西都不重要，他更在意的是精神上的交流和尊重。

他也從來沒有想過要騙我的錢，是我得不到他，對感情看不開，才會覺得受傷了。

他說，有老婆有小孩，有割捨不掉的血緣關係不是他的錯，最後他告訴我，把他的感情汙名化，並不會讓我們的關

係繼續延續下去，也不會讓我比較快樂。他覺得我們的愛情已經變質了，所以選擇結束這段拖延了三十年的關係。

我聽完覺得實在可笑，也許當年初戀在一起時不存在矇騙，但後來他總是在失敗的時候才想起我，他明明知道我容易對他心軟，卻利用了這一點來達到目的，那麼，他把我當成什麼了？

細數三十年的分分合合，每次吵架，他都說我太強勢，他很委屈，他不只是在生活上要配合我，在工作上也抬不起頭，他認為我們終究是不同世界的兩個人。雖然我一直告訴他，我願意為他調整、為他修正，但始終沒有用。

**一個人努力修正了，但另一個人不願坦承，
最終結果就是無效的溝通。**

也許我看到太多他落魄的樣子，對他來說，我的存在會提醒他所有的不堪。我很明白他的本質，好高騖遠，成不了大

器，總想著一步登天。

他打從心裡沒有認同我的努力，他總認爲是自己時運不濟，而我的一切來自我的家庭。殊不知我早就爲了他和家裡恩斷義絕了，老娘後來得到的一切，都是自己辛辛苦苦、一步一腳印建造的。

他總以爲投資股票、期貨，投資一些投機的事業能幫助他快速致富、鹹魚翻身。唉，可惜眞的不是這樣。當年那個意氣風發的少年，現在已經變成了油膩發福的大叔了，幻想著一步登天的樣子卻始終沒變。

你會爲了一段孽緣耗費三十年的青春嗎？

我想很多人的回答都是否定的，但當你身在局中的時候，不知不覺地就會發現自己的歲月就這樣蹉跎掉了。青春就像衛生紙，看似很多，用著用著就沒了。

結束和姐妹的飯局，我一直在思考姐妹們問我的問題：

「如果他再次回來，我會不會心軟？」

那時候我的回答是：「他不會。」

現在想起來，我的眼眶瞬間濕了，終於連我自己都聽出其中的執迷不悟。

結束第三次分合時，他曾對我說：「妳很難遇到一個真正喜歡的對象。因為妳太強勢了，妳沒有試著努力去經營一段關係，我總是對妳太心軟，才會讓妳一直對彼此的關係有錯誤的期待。」

他這番話傷透了我的心。我很難相處？他對我心軟？為什麼我的認知卻完全相反。他的話就像一根針那樣，刺在我的心裡。

他說的似乎有些道理，到頭來他終究還是有一個願意接納他的前妻、兩個成年的孩子，而我卻落得孤家寡人，什麼也沒有。也許白天忙於工作，身邊的人覺得我夠強悍，走得出來，但夜闌人靜時，他的那番話總是循環在我的耳邊。

但我真的累了，蹉跎這幾年下來，我也四十九歲了，還有多少的青春可以耗下去呢？於是我徹底封鎖他，也換掉了三

十年不變的電話號碼，再也沒有下一次了。

直到我再次遇見幸福才終於明白，不必介懷別人說了什麼，怎麼評價你。

你又不是收破爛的，何必把別人的惡劣當作寶貝收起來。

喔，對啊，四十九歲的我終於找到了新的幸福。就在我換掉了三十年不變的電話號碼後，事情似乎開始慢慢好轉，我開始向外探索新的事物、多了一些新的嗜好、認識了一些新的人，其中，就包括這位新的幸福。

現在的我漸漸看清楚了，幸福有很多種模樣，也許對有些人來說，幸福是二十年不換電話號碼，最終等到了初戀情人的一通電話，再續前緣。

而對我來說，幸福是從換掉三十年不變的老號碼開始。

愛的感悟

為何在愛情裡總是一錯再錯，也許是你忽略了這個問題

最近收到一位男生的私訊，他說自己有一個喜歡的女生，每當女生心情不好，他會請她吃飯、看電影、送禮物、陪散心⋯⋯這麼多年的付出，女孩最後還是沒有選擇他。

我回他說，你不要做免費的工具人，苦活、累活都是你，好事不會想到你，真心喜歡一個人，她才捨不得使喚你呢！

我有個正妹朋友，身邊總是圍繞很多男人，她從男人身上得到各種好處，卻不想跟任何一個定下來。明明隨時可以脫單，為什麼她還是單身？因為還沒遇到真心喜歡的人，又想繼續享受這些好處。

為了自己的好處，再三利用你的好感，這樣的人，她懂愛嗎？懂珍惜嗎？

你們沒有在一起是老天在幫你，不是害你。不要傻傻地付出，以為痴心就絕對會換來愛情。其實你唯一要做的是及時止損，下一段會更豐富精彩。

很多時候，我們會反省戀愛中的錯誤，突然發現，自己似乎總在同一個錯誤中不斷跌倒。這或許代表你有某種執著或習慣，習慣是由日積月累的行為組成的，無法說改就改、說變就變。尤其是自身的性格盲點，很容易被忽略，更別提改變了。

當你發現你喜歡的對象，或你的情人，他的行為一而再、再而三地讓你不滿意時，你有沒有試過用其他的方式去處理同樣的問題？還是下意識地用一樣的模式去處理？

例如，當有些人覺得被忽略的時候，下意識地就會用「生氣」去對抗，可能自己從來不覺得這是個問

題，認為都是「他不關心我」才造成的。

然後，每次覺得被忽略了就會生氣，就會跟對方吵架，每次吵架就覺得「他不關心我」，久而久之就會陷入惡性循環。

我們不斷重複一樣的行為，可能是潛意識想要讓別人來幫我們療癒創傷，偏偏對方並沒有義務去彌補我們內心的創傷。說到底，面對愛情不能太執著，無論是渴望被照顧又或者企圖「拯救」他人，太過執著，我們會把自己的想法投射在他人身上，這樣讓彼此都痛苦。

我們不能要求每個人都照著我們的意思去做，如果你已經表達了你的意見，對方也確實接收到了，卻無法達到你的期望——要不降低你的期望，尊重他的選擇；要不尊重你自己的底線。

結束一段關係不是一種錯，只是在幫你們找到更適合彼此的對象。

03

我要讓妳也嘗嘗
被已讀不回的滋味

主角背景：緹娜 / 32歲 / 金融投資業

　　一個家庭對孩子的教養方式會導致很不一樣的人生，我和男友就是在兩種不同的教養方式長大的孩子。

　　他的父母是鼓勵型的教育，大概是老來得子的緣故吧，但凡他提出的所有事情，父母永遠都是採用肯定和鼓勵的方式和他對話。

　　而我的父母是傳統的華人家庭，早早告訴我世界的殘酷，小時候我跟他們說長大的夢想，他們不會肯定我，只會告訴

我未來會面對的挑戰。

例如，當我說想出國讀書，他們會直接開啟連珠炮模式，用一連串的提問轟炸，他們會問我：

「知不知道要花多少錢？」

「除了學費還有生活費，妳哪裡來的錢？」

「出國以後要住哪裡？」

「學習成績夠好嗎？」

「英文分數夠高嗎？」

「出國讀書以後是想留在國外嗎？」

「如果要回來的話又能改變什麼嗎？」

「薪水會比較多嗎？」

最後可能還會再補上一句，妳真的能做到嗎？妳真的有想過這些問題了嗎？如果做不到怎麼辦？

年輕時，我非常不能接受這樣的教育方式，我總覺得這些質疑代表著他們不支持我的夢想，為什麼他們就不能鼓勵我，讓我放心去做想做的事情呢？直到我遇見了前任才懂得，無論是鼓勵還是質疑的教養方式，都有利弊。

剛開始交往的時候，我很佩服前任，無論遇到什麼事情和質疑都是充滿自信，典型的被愛孕育長大的孩子。**不像我，不管遇到什麼問題，不用等別人質疑，我就會先自我質疑。**

　　和他交往穩定後，他來我家吃飯，他離開後，我父母又用了他們慣常的方式，找出我會遇到的所有問題，告訴我，與他的相處會很辛苦。

　　一開始，我還對父母發脾氣：「你們從來不會支持我，不論是我想做的事情，還是我喜歡的人，你們永遠都在挑毛病。」

　　「我們沒有，我們只是告訴妳，這段感情妳會很辛苦，他被保護得太好了，喊他吃水果的時候，桌上就一盤水果，明明妳也喜歡吃的，他卻一點都沒留給妳。」

　　「不過就一盤水果，怎麼能判斷這個人是好是壞。」

　　「這只是他第二次來我們家做客，這麼一點小東西都沒有眼力，更不用提以後的生活了吧。」

　　媽媽說得很直接，她又提出：「還有上次妳買的栗子蛋

糕，他不喜歡裡面的栗子就全部挑給妳吃，我女兒是垃圾桶嗎？妳也不是特別喜歡吃栗子，這樣不懂得尊重的男人，爸媽是真的不放心。」

「我也沒有討厭吃栗子啊，大不了以後不吃丟掉就好了。」

我嘴硬地回答，但老人家的眼光太毒了。交往後期，我才發現被愛孕育長大的孩子，稍微一過頭就是被溺愛的巨嬰，再蠢的話語和想法都會先被他的父母肯定。好人都讓父母做了，三十歲的人，十來歲的心態，寵著他就上天了，來硬的他就逃避。我本想找個人一起遮風擋雨，結果風雨都是他帶來的。

遇到這種巨嬰情人，我只能告訴大家，要不跟他的父母一樣做好人，寵著他，以後的一切都是我承擔；要不就是做壞人，但我又不想要做壞人，骨子裡狠不下來，這道題太難了。

後來我決定跟他結束這段關係，因為我逐漸感覺生活的所有層面都被吞噬了，一旦沒有百分百達到他的期待，他就會給你貼上不守信用的標籤，彷彿你是全世界最對不起他的壞人。

他很少考慮我的感受，只會考慮自己的需求被滿足了沒，越是親密的關係，他期望得到的回報就越多，通常就是直接索取。

在巨嬰的眼中世界充滿善意，賺錢如此容易，花錢更是過癮。「人要對自己好一點是他們的信念」，你必須有耐心，循循善誘地引導他，不然他會覺得這不過就是一點小錢，你為何要這麼計較。

他又很愛面子，講話不顧別人的感受，當他說的話傷害了你，你與他反應後，他會說是你誤會了，而不是道歉。遇到事情，第一時間不會反省，而是要別人負責。在他的世界裡，無法接受自己有問題，錯就是你錯，就算他知道自己這樣做不好，也可以挑剔你的態度不好。

簡而言之，我的巨嬰前任做事沒有規劃，說話不經大腦，人生不必考慮未來，及時行樂最重要。

讓我下定決心離開他，是有一次他對我的冷暴力行為。

有一次我在工作開會，沒有及時回覆他的訊息，等到開會

結束後聯繫他，他消失了整整三天三夜，對我所有的訊息不讀不回。等到我們再次聯繫的時候，已經是第四天了，我不滿地問他：「爲什麼要玩失蹤？不覺得很幼稚嗎？」

「我要讓妳也嘗嘗被已讀不回的滋味。」

這件事讓我徹底失望了，我當時雖然沒有立刻回覆他，但工作一有空檔就儘快讓他收到我的訊息，而他滿腦子都只有報復。霎那間，我突然明白父母的話：「他是個不懂尊重人的男人。」

我腦海中突然蹦出《甄嬛傳》的一句經典臺詞。當甄嬛發現自己在皇帝四郎心中，只是死去的前皇后——純元的替身，對皇上聲淚俱下的怒吼：「這幾年的情愛與時光，終究是錯付了！」

我沒有像甄嬛那樣崩潰大哭，但身心俱疲的脆弱感有過之而無不及。我思考了幾天，這段感情還值得我再繼續嗎？我想要的到底是什麼？我想了半天，我察覺到這段感情不能說斷就斷，否則依照他的個性，他或許會做出傷害我的事。

我決定用三個月的時間漸漸減少聯繫，慢慢冷淡他，雖然

我們沒有住在一起，但各自的住所還是存放著對方的一些東西，我試著不著痕跡地帶走自己的東西。

我終於對他說分手，他一聽到這兩個字就崩潰了，一開始先指責我，說他早就有這個感覺了，我一定是外面有了別人，接著又是哭又是鬧，就是不願意離開我，拉著我的手不讓我走。

他的反應比我想像中還大，我看到他的眼淚有點捨不得，當下我把不滿的情緒告訴了他，尤其是那次他對我的冷暴力，直到現在都還歷歷在目。

他再三保證不會再犯，也不會再對我使用冷暴力，那些我不喜歡的他都會改。當時看他哭得一把鼻涕一把眼淚的樣子，我沒有心軟也沒有堅持要走，因為我知道如果不給他挽回的機會，他是不會甘願的。

那天晚上，我沒有離開他的住所，甚至在他的索求下和他發生了關係。他總是這樣，每次察覺到不安，就會想要用性的方式被撫慰，他會從這種方式得到安全感。

對我來說，性是一種生理需求，而且相處這麼多年下來，

那些錯過，但不遺憾的人

他也很了解我身上的開關，可是，這些事情並不會改變我想離開的心情，只是這次我必須做得更漂亮一點。

這應該算是我們感情第二階段的開始，我還是想要離開他，但這次我採用了緊迫盯人的方式和他相處；無時無刻地查勤，公司聚餐打電話，家族聚會聯繫他，每天一定要見到面，即便沒有見到面，我也要視訊通話，不給他一點個人空間和喘息的餘地。

三個月下來，我們的對話紀錄裡最常出現的幾個句子如下：

「你在哪？」

「你在做什麼？」

「為什麼不回我？」

「你回家為什麼不聯繫我？」

「你要睡了嗎？」

這些無理取鬧的話，我不分時間、不分場合，不考慮會不會打擾人家，傳了好多好多給他，只要他稍微晚回覆，我就再傳：

「你說你會改，但你對我也不過如此嘛！」

「你不知道我在想你嗎？」

「我說睡了你不會打來跟我說晚安嗎？」

以我對他的理解，過度熱情會引來他的不耐煩，多次的不耐煩疊加到最後會使得他對我厭煩，最後順理成章，主動提出分手。

終於到了那天，他告訴我，他受不了我的緊迫盯人，他有很大的壓力，他要跟我分手，他說，他覺得我們個性真的不合。

不知道出於什麼心態，他對我許下了一個五年之約。他說，雖然很遺憾不能在一起，但五年後如果身邊都沒有伴，那麼要不要再給彼此一次機會？

我覺得有點好笑，但還是假裝難過地順著他的話繼續往下說。我們交往不過三年，而我居然花了一年的時間才能徹底離開這個男人。

> 人非完人，長大以後我學會的第一件事就是客觀地看待事物，學會認錯、學會道歉，而不是把問題歸咎在別人的身上。當我認識到自己不是完美的，但可以變得更好，這或許就是一種成長。

我沒有把巨嬰前任的五年之約放在心上，而是開始追求我的留學夢想。我開始客觀看待父母曾對我說過的話。

「妳真的能做到嗎？妳真的有想過這些問題了嗎？如果做不到怎麼辦？」

他們提出來的一切問題都是現實給我的考驗，如果想要完成自己的夢想，父母是我們人生的領路人，帶領我們來到一道門前，但不是負責幫我們開鎖的人，也不是阻攔我們夢想的人。

畢竟實現夢想的那把鑰匙始終在我們自己身上。

我拿出工作至今十年的積蓄，花了兩百萬到英國讀了碩士，圓了我出國留學的夢想。

回國後一轉眼也到了五年之約了，這五年的時間裡，我和巨嬰前任只是偶爾聯繫，我透過臉書和其他的社群平臺得知他在兩年前已經結婚生子了，而我還是單身一人。

但我一點也沒有覺得不好，因為我也完成了我的夢想，無論是工作和學業都比當年想像得更美好。我真的很感謝當年的自己有勇氣離開，也很感謝當年的自己沒有放棄出國留學的夢想。

碩士畢業典禮的時候，我代表致詞，感謝了我的父母。

我在致詞時提到，當年出國留學，父母所提出的所有質疑。說完那番話後，臺下的老師和同學們笑成一團，還有人舉手說：「妳的父母也太實際了，這番話對一個不過二十出頭的女孩子來說，一定是很沉重的打擊吧！」

好在我的抗壓性夠強大，才能在堅持了十年之後，完成自己的夢想。我笑著對臺下的所有人說，我的父母並沒有不支持我的夢想，而是他們表達愛我的方式就是告訴我世界的殘酷，即便乍聽之下會覺得，怎麼他們老是在潑冷水，實際上他們只是用這樣的方式在表達他們對我的愛。

那些錯過，但不遺憾的人

中國有一句老話「父母之愛子，則爲之計深遠」。以前我總是希望被鼓勵和庇護，我一度非常羨慕前任的父母給他一切的愛與包容，現在反觀我的巨嬰前任，他也不是過得不好，但他總是讓別人承擔一切，那不是我想要的人生伴侶。

而我的父母或許在當時提出所有問題，並不代表他們不愛我，他們只是在爲我做出長遠的打算，讓我懂得在困難中找到屬於自己的出路。而我也始終是個被愛的孩子。

愛的感悟

不要交往的三種人

第一種，是讓你瘋狂掉眼淚的人。

第二種，明知道你在哭、生悶氣，卻繼續證明他是對的人。

最後，是吵架會動手的人。

這三種類型的伴侶絕對不能要！

我身邊有一對情侶總是為了雞毛蒜皮的事吵架，兩個人明明都知道不重要，但就是要吵出輸贏，贏了吵架，輸了感情，這樣又有什麼意義呢？

男女的思維不一樣，很多男人會覺得女朋友無理取鬧，一件小事就沒完沒了，囉哩叭唆，但真正讓女人不爽的，不是事情的對錯，而是那咄咄逼人的態度！

一個男人真心愛一個女人，會是什麼樣子呢？無論在生活裡多驕傲、多有個性，對所愛的人還是會憐惜。捨不得心愛的人掉眼淚，捨不得她生悶氣。

很多事情沒有所謂的對錯，但是當一個人把你逼得歇斯底里，最後還要罵你一句：「你是不是有病啊！」這樣的人真的不能要。

如果你有看到我的書、影片，也有關注我的內容，我真心希望你們都能找到適合自己的另一半。即使你在談的戀愛，不一定能開花結果，但也要跟值得的人談，與相愛的人渡過一段感情，創下美好回憶，也不枉此生。

但若是一段感情總是激發你的焦慮情緒，讓你總是自我懷疑、委屈不安，那麼這樣的戀愛，不談也罷。

04

我不會再約了

主角背景：W / 40歲 / 公務員

你覺得我要原諒她嗎？她總是告訴我不會再約了。

身為一個四十歲的女同志，認識了這個女人九年，同居四、五年，我住在她父母家，和她的家人熟識，如果真的要分開……我自認條件不好，長得不好看又胖，雖然外表看不出來，大家也都覺得我沒什麼脾氣，但內心還是很脆弱的。畢竟我們耗費幾乎十年的時間在一起，如果選擇了離開，會不會從此孤獨終老……我不敢賭，也不願意去賭。

朋友問我快樂嗎？我只知道，如果失去了她，或許我會

更不容易找到快樂吧。

我們是透過網路交友認識的，我認識她以前幾乎沒有戀愛經驗，是個保守的屏東鄉下小孩。我的父母很傳統，從來沒想過這個世界上會有男人愛男人、女人愛女人，他們甚至連看到街上有情侶擁抱和親吻，就會碎碎念「不四鬼」、「袂見笑」。

這讓我決定對身邊的人隱藏性向，家人和我並不親近也無法溝通，在他們面前我不快樂，於是一畢業我就北上工作。本來幻想在這座大城市可以過著多姿多彩的生活，但實際來臺北才發現，就算來到大城市，若依然內向、害羞的個性不改，還是只能維持上班、下班兩點一線的生活。

這個道理，我花了整整八年才明白，於是在三十歲左右，我鼓起勇氣下載交友軟體，還花錢充值成為VIP會員，把「拓展生活圈」當作送給自己的禮物。

然而長相普通，又不會包裝自己的我，很少得到與別人聊天的機會。直到有一天，我收到V的訊息。

V是一個很溫暖的女人，她和我用交友軟體聊沒多久就加

LINE，加了LINE沒多久就約出來吃飯。第一次約會，她很認真聽我說話，關心我的健康，然後還送了我幾片面膜，她說知道我做大夜班，更要注意保養。生活上她時常會傳訊息來噓寒問暖，照三餐關心，讓我注意身體。

聊了幾次以後，我和她逐漸熟稔起來。我很珍惜這段緣分，因為我是做服務業的，一個便利商店的普通店員，平常喜歡做大夜班，比較輕鬆錢也比較多；麻煩的就是日夜顛倒，別人上班、我下班，即便以前有幾個曖昧對象，可惜聊天的情緒總是對不上。除此之外，我放假也不是固定的，必須先排班，一般朝九晚五的上班族很難搭配時間。

V不一樣，她是自由業，在做直銷，有自己的團隊，她不會隨便推銷我買東西，也沒有要我加入她的組織，而且總是拿東西給我試用。無論是補身體的深海魚油、洗臉機……都免費拿來給我用。

有一次她覺得我氣色不好，拿面膜來我家，也不知道為什麼，面膜敷著敷著衣服就脫光了。我對那次的印象很深刻，因為是第一次和性伴侶一起達到高潮。那時候我們還沒有在

一起，但爲了表達我對她的支持，我買了幾片面膜，雖然價格不便宜，但我認爲這是我對她「好」的方式。

我的條件不好，一度覺得自己會孤獨終老，遇到了溫柔的她，很快就暈船了。**她說，她愛我，但認為人與人之間的關係很薄弱。剛開始我不太明白這些話的意思，後來我才知道，她總會用交友軟體認識新朋友。**

當我第一次發現她和其他女人約會，實在很不能接受，也曾考慮過是不是要離開她。但她告訴我，她對我才是眞心，其他人都只是過客，她覺得我很懂她，爲了公平，她也不介意我去外面約，我們只要知道彼此的心在一起就好。

她爲了證明自己的心意，把我介紹給了她的家人。V的哥哥也是同志，有個男朋友，長得不錯，但是很風流，跟V有點像。那時候我們很快樂，常規劃一起旅行、出國去日本自由行，男男、女女，完美爲彼此掩護。

我曾經一度覺得欺騙了V的父母，不過他們可能也是睜一隻眼閉一隻眼。畢竟，兩個女人手牽手去上廁所也許大家不會覺得奇怪，但兩個女人幾乎每天都睡在同一張床上，同居

了九年，即便是再好的朋友，別人也會覺得我們的關係不尋常吧。

從小我就跟自己的家人關係不好，但在她的家庭裡感受到了一種神奇的溫暖，於是我們就這樣在一起了。

在一起四、五年後，我有點無奈，我不想勉強她和我發生關係，但她總在外面約，當我寂寞時也會在外面約，偏偏我的外在條件不如她，不像她可以很容易就約到人，甚至有時候就這樣不了了之。

她那位約砲對象是個富婆，第一次見面就向Ｖ買了一臺價格不菲的洗臉機和許多保養品，Ｖ那天晚上很晚回家，晚上我們一起睡覺的時候，她的身上散發著其他牌子沐浴露的味道。

我有點揪心，但她最近的日子不好過，直銷團隊快要崩盤，團員在背後搞小動作，想要脫離組織，她被搞得心力交瘁，好不容易傍上一個富婆，當然要好好地打理這個大客戶。

那些錯過，但不遺憾的人

當時我有些埋怨自己，爲什麼沒有能力幫忙買更多的產品，也沒有能力幫她找更多的下線，明知道Ｖ去陪那個富婆只是在拚事業，但我心裡還是會介意。

　　那晚，我靠過去想要和Ｖ溫存，她認真地抱著我，對我說她有點累，沒辦法跟我做，她只想抱著我就好，肉肉的我抱起來最溫暖了。

　　我點點頭決定不勉強Ｖ，做個聽話的女人，讓她抱著睡覺。那天在Ｖ的懷裡我想了很多，我知道她好面子，拉不下臉來，團隊已經分崩離析了，卻不願意認輸，我決定盡我所能地幫助她，不再增添她的煩惱。

　　第二天，我問便利商店的店長有沒有缺？如果可以的話，可不可以幫助我的朋友Ｖ？店長是個好人，他硬是擠出了一個兼職的職缺。晚上，我有點不好意思地對Ｖ說，便利商店有點忙，她願不願意來便利商店做一陣子的兼職？

　　以我對Ｖ的了解，如果直接告訴她這個工作是我爲她求來的，她絕對會和我發飆，於是我把姿態放得很低，讓她覺得是便利商店需要她的幫助。

我本來以爲這樣可以皆大歡喜，但她只做了兩個月就決定離開。因爲富婆請她做助理，一個月只需要工作十五天，甚至有時候根本不到十五天，主要的工作內容是陪伴富婆開會、工作、旅行、拍照打卡、過夜。一個月的薪水從三萬五到五萬不等，就看她把富婆伺候得開不開心、舒不舒服。

當時的我很祝福Ｖ，畢竟便利商店工作沒辦法做一輩子，就連我自己都決定努力讀書考臺鐵，往穩定的公務員發展，但Ｖ不願意，她是個風一般的女子。畢竟她外在條件好，又會說話，手機裡總有數不盡的聯絡對象，她總覺得自己應該被看見，值得被看見，卻差了那麼一點機運。

我知道她每天還是會花很多時間跟別人打情罵俏，雖然在認識我以後收斂了很多，但還是有在經營人際關係，富婆就是最好的例子。

我只能乖，只能接受，因爲我知道如果我不願意接受，那麼我和其他念她、管她的人又有什麼不一樣？她心裡有一個夢，想讓自己被看見，也許富婆可以幫助她完成她的夢想。

我不曉得富婆知不知道我的存在，但我知道她在別人面前

那些錯過，但不遺憾的人

為了方便起見，總是稱呼我為表妹，拜託我明明就比她大四歲，真不曉得那些人到底在想什麼，為什麼總會無條件地相信她說的話呢？

本以為Ｖ和富婆的關係不會太久，畢竟之前也遇過幾次類似的狀況，最終Ｖ都還是回來了我的身邊。然而，這次好像有點不一樣了，富婆用工作的名義拿走了情人節、聖誕節……所有可以相處的節日，而我只剩下生日，甚至還必須配合富婆的時間偷偷地慶祝。

那幾年，我們幾乎沒有做愛，我懷念著Ｖ的溫暖，就算她睡在我的隔壁，我卻覺得似乎不再瞭解她了。我雖然知道富婆的存在，也知道富婆永遠用工作當藉口，無限上綱地索取Ｖ的陪伴，但我不願意去想她們的相處模式，也不過問她們的關係到什麼程度，我要當個善解人意的伴侶，讓她努力工作就好。

其實我很清楚她的工作沒有想像中得多，最辛苦的部分莫過於用身體解決富婆的情緒和慾望。有時候我會猜，富婆是不是不知道我的存在，如果富婆知道了還願意對她好嗎？

我不知道答案，但我知道我應該願意吧。或許是所謂的沉沒成本，都已經十年了，我們還能怎麼樣？我離開她，會找到更好的嗎？我沒時間想太多，畢竟要準備考試，也好在這件事沒有影響我的心情，我終於成爲了臺鐵的站務人員。

這樣的日子過了五年，這五年來我很少在臉書裡發文，也沒有刻意公開我們的關係，但在生日的時候，我會發和Ｖ的合照，也會在旅行的時候發一起游泳、吃飯、喝酒，和Ｖ的家人相處的照片。這些照片都是公開的瀏覽權限，不會刻意去設定成僅限朋友可見。

畢竟，我們之間又沒有見不得人的事情，對吧？

終於我們的關係被富婆知道了，富婆神通廣大地拿到了我的聯繫方式，她告訴我，一直都以爲我是Ｖ的表妹，她一連強調了三次，她不知情，如果知情她是不會願意介入我和Ｖ的關係的。

那些錯過，但不遺憾的人

然後，她很惆悵地說，很羨慕我和Ｖ之間的關係，因為我和Ｖ之間是真的，不像她們兩個之間總是充滿著謊言。Ｖ從來沒有答應過和她在一起。

　　羨慕個鬼啊，表面上我是告訴富婆，人生本來就是用一個又一個的謊言讓自己好過一點，但實際上我也沒有比較好過。剛開始交往的時候，我第一次發現Ｖ在外面約，她告訴我，即便這樣她還是愛我的，她就是喜歡我的成熟懂事，所以我只能一直成熟懂事下去，逼著自己也去外面解決慾望。可是，這不是我想要的啊！

　　但除了逼著自己接受Ｖ的遊戲規則，除了成為Ｖ的情緒慰藉，我又能給Ｖ什麼呢？

　　富婆最後很瀟灑地說，要離開這段關係了。她不想再繼續她和Ｖ之間的狗屁倒灶，她和Ｖ會結束工作關係，然後富婆再次強調，這幾年Ｖ從來沒有答應過和她在一起，而她也從來不知道我的存在。

　　我心中有股說不出來的複雜情緒，Ｖ有沒有答應過和富婆在一起，根本一點也重要了，妳們確確實實渡過了五年的光

陰。富婆的心最後碎了，但她灑脫地離開；我的心雖然也遍體鱗傷，但還是深陷在這段複雜的關係裡。

最後我對富婆說，我和Ｖ會去澎湖慶祝九週年。說出這句話的時候，我曾一度考慮是不是要取消和Ｖ的旅行，這一次，我還要原諒她嗎？但這幾年我投注在她身上的時間成本太高了，我更擔心之後找不到其他人該怎麼辦？

朋友們總說我笨，但很多事情只有我們自己知道。我不笨，我當然知道Ｖ都是我縱容出來的，我也大可選擇不要，但我選擇了欺騙自己這樣會比較快樂。

富婆事件後，Ｖ跟我講了很多理由。她說，這些人都不重要，人與人之間的情感很薄弱，她最愛的是我，她不喜歡我總是胡思亂想，她希望我們的愛情可以討論一些快樂的東西。她說她從來沒有給過其他人承諾，只有給我承諾，所有的事情都是因為她太溫柔了，導致別人誤會。

「我不會再約了，謝謝妳總在我的身邊。」Ｖ摸著我的頭，她的臉漸漸貼近，我喜歡她愛我的心，那瞬間我總是會被安撫。

我想，時間久一點，她玩不動了就會回來了吧。雖然我也很想問她，當我需要她的時候，她卻不在，這樣我們在一起又有什麼意義呢？我就類似一個單身的人，發了再多照片內心還是空洞寂寞，為了留住她，只能選擇接受其他人的存在。

九週年的紀念日，我們在澎湖慶祝。那天，我罕見地發了一張我和V比心的照片，並且設定為封面照片，我想宣示主權，但那是我要的幸福嗎？我不敢想，也不願意去想。

她在認識我的時候就已經同時和許多人曖昧，她有很多條船，應該沒有人比我更久、更包容、更縱容了吧。

我已經不在意自己快不快樂，我只在意我愛的人願不願意留下來。

前幾天，我把宣示主權的比心照片換掉，改成了一張一個人背對鏡頭走在橋上的照片。朋友開玩笑，是要像「甄嬛從甘露寺回宮」那樣嗎？面對玩笑我只能苦笑，與其說像「甄嬛從甘露寺回宮那樣風光」，還不如說是甄嬛要「前往甘露寺地那般心灰意冷」吧。

那時候我們吵架了，V承諾過，與富婆結束以後不會再約了，雖然V確實沒有再約富婆了，但改約其他很多人，甚至變本加厲地拍了很多照片和影片放在網路上。就算沒有露臉，我也知道她試圖用這樣的方法，再找一個富婆。

我問她，是我不夠好嗎？她說不是我的問題，是她的問題，而我能不能接受這樣有瑕疵的她呢？

那張被朋友笑稱是甄嬛從甘露寺回宮的照片，我背對著鏡頭哭得淚流滿面。

這些年她做了多少荒唐的事情，我幫她收拾多少次爛攤子，V還做了我怎樣都沒想過的事情，真的很慶幸我沒被賣掉……但她從來沒有歉意，反而覺得我的包容和體貼是理所當然的。**她的理所當然，藏著我想等待的永遠。**

永遠究竟會在哪裡實現，我已經越來越不敢想。我只能告訴自己不要緊，練習著無所謂的心情，雖然有點寂寞，但日子是自己選的，怎能埋怨？

面對感情裡的沉沒成本，這三點幫你及時止損

沉沒成本在經濟學裡指的是，已經發生而且不可收回的成本。簡單來說，人們捨不得前期付出的時間、金錢、努力，導致在決策時做出錯誤的選擇。

理智上，我們不該用成本思考問題，那不只會消耗掉更多的精力和金錢，還會錯失未來的良機。偏偏現實中，大部分人往往無法放棄之前的付出。當人們在一段關係裡，付出一定的時間、金錢或情緒價值後，會因為厭惡損失，不想承認自己的選擇是錯誤的，於是試著說服他人、說服自己繼續投入。

其實，及時止損比盲目地堅持更重要。當你明知道這段感情好累，彼此並不適合卻無法下定決心離開，

請牢記下面三點：

第一，設定底線，不做傷害自己原則的事。

第二，自我覺察，警惕情緒的影響，從現實考量。

第三，不執著過去，勇於承擔錯誤，專注當下，放眼未來。

現實遠比想像中殘酷，如果他此刻不愛你，那麼你之前的所有付出，他說過的所有承諾，你記憶中的美好，在他的世界裡全都是毫無價值的。

一旦對方無法再從你身上取得利益，那麼你對他而言就喪失了存在意義。利益指的不只是金錢，還有情緒的寄託。

當你為一段感情付出得好累的時候，或者當你希望可以挽回一個不愛你的人的時候，請你記得真正讓感情得以繼續的，從來不是你的付出，而是你的價值。

而決定你價值的人，不是他，是你自己。

一次的感情失敗，不代表你失敗了，只證明你擁有愛一個人的力量。一個好的對象，應該要能夠帶動你成長，讓你變得自信、快樂；至於那個讓你變得患得患失，卑微到塵埃的人，不要也罷！

那些錯過，但不遺憾的人

放不下的時候，就先放著吧！

放下一個人是很困難的，我們可以先學著不再糾結他離開的原因。雖然突然聽到他的名字，心還是會揪一下，但他只是陪著我們走過一段青春的人。

不必強迫自己忘記他，因為那些一起共度的歲月，都是組成我們人生的一部分。如果沒有痛過，你就不會是現在的你，你的獨立、你的談吐、你的表達、你的情緒控制能力、你的理性，這些都是你從過往的經歷中學會的。

有些人說，那是不是要謝謝他讓自己學會這些？

謝他什麼啊，是你把自己救出來的！

過往那段黑暗時光，那些自我質疑、自我否定、自我厭惡，只有你自己最清楚，是耗費了多少的心力才

走出深淵的。與其感謝傷害過你的人，不如感謝自己，那個有勇氣離開，也有勇氣繼續愛的自己。

我們只能說，不怪他了，愛錯了人是自己活該，但你不必做到祝福，我們沒那麼大度，也永遠不會忘記和原諒他對我們造成的傷害，是他毀掉了我們對愛情最美的幻想。

不必後悔對他好，哪怕是看錯了人或被辜負，因為你對他好，並不是代表他有多好，只是因為你很好。如果你也跟我一樣，遇過一個爛人，曾費盡心思讓他開心，最後忘了自己該怎麼笑。

請記得，有些人啊，就像膿包，最佳的解決方式，是擠掉，而不是忍受。

那些錯過，但不遺憾的人

原來結束一段感情，

不止是和對方分手，

還是和過去的自己、被愛過的自己告別。

那些錯過，
都是為了通往幸福

05

我現在在你公司樓下

主角背景：H ／ 32歲 ／ 幼教業

我現在三十好幾，沒談過幾次戀愛，第一次正式談戀愛就被喜歡的對象送進了警察局，最氣人的是警察還全部都站在他那一邊，彷彿我的付出一切都白費了。

剛認識初戀的時候，我已經三十歲了，那時候的我從來沒正式談過戀愛，從小到大總是聽爸媽的話，用功讀書，以為

長大以後一切會水到渠成。

我們家只有我一個女兒，家裡各方面的狀況都不錯，爸媽開了一家小公司，收入不錯，現在退休了，在臺北有三、五間房子收租。詳細有多少錢我不清楚，但身邊的同學、朋友都一樣，從小學鋼琴、讀私立學校，大家的條件都差不多，不太需要為吃穿煩惱。

學生時代我的生活很單純，除了讀書就是彈鋼琴，也不太補習，都是請家教。原本以為會像身邊的幾個好姐妹那樣，考個音樂班，出國讀書，然後嫁到國外，或者回臺灣認識父母介紹的海歸派，接下來相夫教子，一輩子就這樣了。但偏偏我在大學的時候，做了一個不一樣的選擇。

父母想讓我出國讀個商學院，但我偏要留在臺灣讀幼教，像我這種一路按照父母的要求念書考試的女孩，這輩子做過最叛逆的事情莫過於此了。

我考進了師範學校，出社會就當上了幼教老師。這個工作很規律，生活圈也小，周遭圍繞的都是孩子，很單純，但也少了一點刺激。

二十五歲那年，有一次父母介紹了一個「高富帥」，那算是我第一次的感情關係，但屬於父母的媒妁之言，經驗並不愉快，我不愛他所以沒有把他算作正式的戀愛。

　　我和「高富帥」吃了幾次飯，還沒有怎麼相處，雙方的父母已經談妥了我們的未來。他們都認為愛可以之後再培養，而就在論及婚嫁的時候，他劈腿了一個大學學妹，那個學妹帶著懷孕的超音波圖找上門，我不堪其辱選擇退婚，一咬牙不想再愛了。

　　冷靜以後，我發現自己也沒有那麼愛「高富帥」，我和他更像是父母之間的利益交換，我不覺得我們有喜歡彼此，似乎都只是被擺布的棋子罷了。

　　那次經驗以後，我開始思考自己想要的到底是什麼，也許人在不同的階段會有不同的追求，小時候，我把時間投入學業，沒有想過要談戀愛，剛出社會追求事業，我希望把自己該做的事情做好，也沒有想過要談戀愛，再加上第一個對象的經驗並不好，即使長輩有介紹其他對象，我也會找理由推託。

然而隨著年紀增長，我開始有了一些不同的追求。看著身邊的朋友、同事一個個結婚生子，我還是孤家寡人，就想找個人談戀愛。於是我開始試著使用交友App，希望可以遇到真命天子。

　　剛開始使用交友App的時候，我什麼都不懂，連要放什麼樣的照片都不會，露臉怕被認識的人發現，被笑話，不露臉又怕缺少機會錯過緣分。

　　後來，我在交友App認識了一個男生，我們年齡相仿，聊得很來，認識接近三個月，幾乎每天都會聊天，他會每天對我說早安、晚安，這算是我第一次自己找的對象，我很珍惜這段關係，希望可以有一段美好的發展。

　　很多朋友告訴我，要小心，避免遇到騙子或者花花公子，好在我們有約出來見面聊天，他比我想像中的要矮一些，有一份不錯的工作，家世清白也沒有欠債，更沒有吸菸賭博那些不良嗜好，綜合來說是一個不錯的對象。

　　第一次約會他帶我到淡水看夕陽，因為沒有電梯，吃飯前我們爬了五層樓才到餐廳。在大熱天爬樓梯，在大太陽下看

落日，汗水把我的妝容暈開了，讓我覺得很狼狽。後來我有婉轉地告訴他，以後約會儘量選擇一些有冷氣、不用爬樓梯的行程。

當我把這件事和身邊的姐妹分享，她說我犯了戀愛的大忌，怎麼可以對心儀對象安排的行程指手畫腳，如果真的想要讓這段感情能夠談下去，就不能那麼自我，尤其是第一次約會更應該收斂一點，讓彼此都有想要繼續下去的意願。

我聽完姐妹的分享，簡直是震撼到無以復加，戀愛是一門課，但學校從來沒有教，導致我想學卻又不得其門而入。難道我第一次約會真的表現得不夠好嗎？難道真的不能向男生表達自己的想法嗎？三十歲的我這時候就像個無助的孩子，彷彿怎麼做都是錯的。

後來，我把姐妹所說的事情告訴了初戀，他露出尷尬又不失禮貌的微笑，說我想太多了。

現在回想起來，我們似乎真的不是很適合，雙方喜歡的東西不太一樣，我當時太渴望有人愛，常常會配合他，忽略了自己的感受。

感情上，我一直是一個比較保守的人，也沒有什麼戀愛經驗，他掌握著我們關係進展的主導權，這三個月平均一個禮拜約會一次，吃飯、喝咖啡、看展覽、每個禮拜我們都會找時間相處，也都會互相道早安、晚安，向彼此報備行程。

但我們始終沒有確認關係，也沒有發生關係，最大的尺度，是有一次他開車送我回家，我們在車上進行到三壘左右就沒有下文了。

後來……就沒有後來了。

我開始聯繫不到他，他也不再對我說早安、晚安，我們之間的感覺變了，就像我說過的，我們之間是他掌握著進度的主導權，現在找不到人，我也不知道該怎麼辦才好。

我決定主動出擊到他的公司找他。

在他失聯了一個月以後，我下定決心要找他把話說清楚，現在到底是什麼情況，要結束也應該結束得明明白白。那天

我特別請假，找出他給我的名片，上面有他公司的地址，在臺北市南京東路附近，我選在中午的時候抵達。

上樓前，我傳了一則訊息：「我現在在你公司樓下。」

過了一分鐘，未讀未回，我決定上樓，想了解到底發生了什麼事情，為什麼不跟我聯絡。我搭著電梯上樓，按了門鈴，總機開了門，他們的辦公室是開放式空間。我低聲對總機說，找某某某，大概是我打扮也沒有很奇怪，總機也沒有多說什麼，直接打了分機通知他。

他走了出來，當我看到他的時候，忍不住衝動問他，為什麼最近都找不到人，讓我很擔心，是不是發生了什麼事？我的聲音沒有很大，但還是引起了周遭同事們的關注，他尷尬地看著我，湊上前來，牽著我的手，低聲告訴我，一起去外面走走。

他牽著我的手，再加上看到他的瞬間，原本的感覺彷彿都回來了，我也不想把場面變得尷尬，於是點點頭，跟著他到附近走走。

我們下了樓，途中我還是一直問他：「為什麼不聯絡了？

是我做錯了什麼嗎？還是發生了什麼事情？」

他沒有正面回應我，只是問我：「想吃點什麼？我們一起去吃飯，吃飯的時候好好聊聊。」

其實，我根本沒有胃口，但也不想掃興，便隨口答應，跟著他的腳步走。沒想到就在這個時候，他一個右轉彎，走到了警察局前，接著掙脫我的手，急步走了進去，尋求警察的幫助，說我在騷擾他。

我呆呆站在警察局門口，一時之間委屈、難過、生氣、悲憤的情緒一擁而上。我像個瘋子一樣，指著躲在警察背後的他，大聲說：「你出來，你給我說清楚，你怎麼可以這樣對我！」

警察們無奈地看著我，對我說：「小姐，不要這樣啦，人家沒有對妳做什麼，冷靜一點啦。」

我真的不知道事情為什麼會發展成這個樣子，我變成了一個在警察局撒潑、耍賴的瘋女人。我根本沒有想要這樣做，我只是想要一個答案，想要知道為什麼突然不聯繫了，一切卻急轉直下，朝著最不堪的劇情發展。

過了幾分鐘以後，我冷靜了一點，我也不想在大庭廣眾之下被認為是一個瘋女人（可能已經來不及了），我也進去警察局，做了一個簡單的筆錄，在做筆錄的過程中，我回想了我和他的感情狀態。

　　他確實從來沒有給我關係的承諾，我們不是戀人，這三個月的時間我們只是曖昧。

　　這份感情彷彿是我的一廂情願，只不過我無法說服自己為何突然被失聯，太想找個答案，卻忘了離開一個人，最直接的答案就是沒有那麼喜歡罷了。

　　我從那次「警察局奇遇記」以後，就再也沒有看過他，我們也沒有聯絡了。

　　又過了兩年，我現在有一個穩定交往的男友。他是一個很害羞木訥的人，有一次朋友之間的聚會，他在大家面前送花給我，剛把一束玫瑰放到我的手中，就立刻離開現場。朋友

那些錯過，但不遺憾的人

們都笑說，他是不是花店的送貨人員。

面對朋友們的調侃，我一笑置之，雖然偶爾也會抱怨男友不解風情，但他卻非常適合個性比較較真的我，也不會像之前的那個曖昧對象，一言不合就找警察來幫忙。

總而言之，現在的我過得很幸福。

我想，愛情這種事情是需要勇敢把自己交出去的，想談戀愛和真的去談戀愛不一樣，談戀愛必須去試錯，去從中判斷哪些人適合，哪些人不適合，實際相處之後才知道自己適合哪樣的人。

當年那段被送進警察局的劇情雖然荒謬，但也是因為當時的我太單純了，對一段感情過於執著，一定要找到答案。因此我也奉勸那些和我一樣沒有什麼戀愛經驗，從小聽爸媽話，長大以後才開始談戀愛的朋友們；談戀愛也是需要練習的，早一點練習總是比晚一點練習來得好。

如果人生再來一次，我想我不會等到三十歲才開始談戀愛，我會希望可以早一點開始練習人與人的相處和關係。也許那時候的自己還不夠成熟，但我們又何嘗有真正成熟的時候？

愛情這種事情，就是在一邊犯錯一邊學習，直到你遇到了一個願意彼此試錯，彼此包容的對象。

而我練習的時間太晚了，導致我在三十歲的時候太想甩開單身的標籤，對很多事情太過認真，太渴望一次到位，可是人與人的感情很難一次到位，彼此要不斷地嘗試。

現在的我終於明白，對於工作、人生可以死心眼，可以努力去爭取自己想要的，但對於另一個人不能太鑽牛角尖，這樣不僅僅是會為他人造成負擔，也會替自己造成負擔。

倘若是真的喜歡你，必定會主動聯繫你，倘若不愛了就是不愛了，我們往往心知肚明，只是不願意去承認。那時候，我對於初戀或許不是因為愛，我只是太需要有人陪，給我一點溫暖，鬱悶的時候有個肩膀靠著讓我心安。然而，我卻太投入了，所以這份愛變得很沉重，導致雙方都有壓力。

現在的我，漸漸懂了談戀愛應該是一件開心的事情，兩個

那些錯過，但不遺憾的人

人朝著同樣的方向去努力，包容彼此的不同。

　　愛情是一門學問，而我現在很幸運的是，有一個人願意陪我一起去摸索，希望你也一樣。

這世上最大的謊言就是，
找到一個讓你快樂的人

這世上最大的謊言就是找到一個讓你快樂的人，

別傻了，你不需要別人來讓你快樂。

生命中出現的所有人都只是我們生活的點綴，讓生活變得更有滋味，

但是生活本身就是多彩的，就算少了點綴也不是世界末日。

受過傷就把心封閉起來，那麼再多的關心也進不來。

也許你會說，曾經掏過心卻被傷害，於是不敢再敞開心扉。

可是每個人的人生功課不一樣，

有些人的功課是，愛過以後要學著多愛自己一點；

還有些人的功課是，愛過以後需要相信自己依然值得被愛。

對的人、好的關係，都是要在未來尋找的，

把心停在過去的傷心記憶裡，就無法有新的緣分。

感情是相對的，想得到也必須要付出，

當我們在尋找那個讓自己快樂的人的時候，

請先記得，生活本身就是快樂的。

快樂就像一把鑰匙，不要把它隨便交到別人的手上。

06

變得更好，
讓自己更值得被愛

主角背景：P ／ 25歲 ／ 職業軍人

　　前幾天我和男友去KTV唱歌，那天晚上只有我們兩個人，明明沒喝酒，只是靜靜地看著他唱情歌，那一刻情緒突然湧上來，我何德何能能夠如此幸福，甚至為此默默掉了幾滴眼淚。

　　我害怕被他發現哭了，趕緊擦拭眼角的淚珠假裝什麼事都沒有發生過，當我抬起頭再次偷看他的時候，他的歌曲還沒

結束，但他嘴角揚起的微笑，讓我知道他還是有發現我剛剛哭過。

二十五歲的我從沒想過自己竟然可以得到幸福。

主持人馬東說過：「心裡有很多苦的人，有一絲甜就能填滿。」

看著喜歡的人在你面前默默地做著自己喜歡的事情，他在你面前覺得很自在，你在他面前也覺得很自在，彼此感受到被愛、被珍惜。幸福如此簡單和平凡，有些情緒就這樣從眼眶跑出來了。

我一度覺得自己不值得幸福，回想那些年的時光，我為了得到幸福付出好多努力，兜兜轉轉，我花了八年終於明白一個道理：

如果你的改變不是為了成為更好的自己，而是為了迎合別人，那就算了吧！

十四歲的我，一百六十八公分，七十公斤。

國中時期，我領略到世界的殘忍。那時候的我身高一百六十八，體重七十公斤，是個不喜歡運動的小胖子。其他男同學喜歡打籃球、運動，但我更喜歡和女同學聊抖音、唱歌、玩手指舞，或在 IG 發一些心靈雞湯。別的男同學最擅長的運動可能是跑步、打球，而我最擅長的運動是跳繩。

我知道自己有點不一樣，但我不介意自己的不一樣，在他人的眼裡，我就是那種肉肉的、胖胖的，樂天樂天的個性。有時候我也會覺得很無奈，畢竟像我這樣的人，彷彿一定要成為群體裡的開心果，就算我也會憂鬱、鬱悶，可是為了不讓自己格格不入，只能選擇用「搞笑」來當作保護色。

我的笑聲高亢又大聲，還會搭配一些誇張的肢體動作……我發現我講了那麼多，是因為至今仍然無法直接面對這件事，我總是在替自己和那些惡意對待我的人找理由，我還是很難面對國中被霸凌的事。

國中下課時，我曾被同班的四個男同學關進男廁所的隔間，他們不讓我出來，還從門上面潑水，因為他們覺得我

胖、娘和「好玩」。

當時我的心理素質遠沒有現在強大，也從來不是那種可以嗆回去的類型，於是我只能選擇跟著他們一起笑，彷彿這是一場我也樂在其中的遊戲，即使我一點也不喜歡被這樣對待，但也不敢說。

為什麼不敢說？我怕說了處境會更難熬，也不敢向父母、師長告狀，比起被欺負，我更害怕被同學們孤立。

我只好假裝看不到那些欺負我的人眼中的惡意和嘲笑，直到現在我都不願意去回想當年那一段痛苦經歷。

有些正在經歷不愉快的人總會好奇要怎麼渡過那段時光，你只能撐過去，或者離開那個惡劣的環境，偏偏不是每個人都能把離開當作選項，那麼只能和我一樣，選擇撐過去吧。

十八歲的我，一百七十六公分，九十八公斤。

「變得更好，讓自己更值得被愛。」是我被霸凌時期的信念，這個信念支持著我走出那段難熬的日子。

我始終相信改變的力量，因此我沒有選擇就讀普通大學，

而是去讀軍校。這個選擇跌破很多人的眼鏡，身邊的朋友很擔心，軍校會不會是一個更封閉、更保守的環境？但我家境普通，不想給家人帶來沉重的經濟負擔，又考不上其他的公立學校，幾經考慮，還是決定念軍校。

有段時間我確實不太適應，像是軍校生還有軍方的所有單位，在非午休時間是不可以躺在床上睡覺，如果被抓到會被懲處。另外，週一到週五，每天早上六點點名，一年級的時候必須十點睡覺，就算想讀書，也只能凌晨四、五點起床，在點名前讀書。一切都必須照規定做。

我告訴自己既然來了，就要適應這裡的生活，而且這裡比以前好多了，學長不會找學弟麻煩。

或許是規律的作息時間和有意識的操練，我瘦了，體重從巔峰期幾乎破百公斤，經過一、兩年的努力，瘦了三十公斤，原本的雙下巴、大肚腩不見了。

我重拾國中時期喜歡的跳繩，養成固定運動的習慣，慢慢地從一個大胖子變成了小胖子，再到後來肥肉變成了肌肉。不只是體態變得好看，我的臉變小了、眼睛變大了、鼻子挺

了，減肥讓我換了個人，連人緣都變好了。

二十歲的我，一百七十六公分，六十八公斤。

我真的讓自己「變得更好，更值得被愛了」。

這年我結束了母胎單身，同校的學長向我告白，我同意和他交往。那大概是我人生狀態最好的時候了吧，年輕、結實、有線條，校園生活不再是小菜鳥，感情又有著落，我很慶幸自己當年選擇改變，讓自己變得更好，更值得被愛。

學長總是喜歡在事後撫摸我的身體，開玩笑地對我說，要是手臂再粗一點就好了，要是肚子再小一點就好了。

我問過學長最喜歡我的哪裡？

他說，最喜歡我的眼睛，最喜歡我的腿，最喜歡我的手指頭。濃情蜜意的時候，我不覺得有任何問題，直到有一天，身邊的共同朋友告訴我，學長劈腿了，他還有另一個情人，我才發現原來學長喜歡的僅僅是我的外表。

他從來沒有說過喜歡我的人，只是喜歡我身上的某個部位罷了。

那段關係讓我再次陷入了鬱悶的心情。我試著達到學長的標準，把手臂練得再粗一點，肚子練得再緊實一點，學長也真的似乎再愛我一點了，他回到我的身邊，但不久又再度劈腿和別人發生關係。

那一年的時間裡，我彷彿著了魔，非要學長不可，我纏著他，把自己變得符合學長想要的樣子，但最終學長還是離開我了。

分手的那天是期末考，我問學長什麼時候還可以再見面？

他只說了一句：「你很煩。」就再也沒有回覆了。

我知道他把我的LINE封鎖，雖然我輾轉透過幾個共同的朋友，表達希望復合的意願，但最終還是結束了這一段感情。

那陣子我很難熬，為什麼明明已經改變了，也成為了更好的自己，為什麼還是沒有辦法得到幸福？這樣愛自己，難道錯了嗎？

二十五歲的我，176公分，88公斤。

恢復單身後，我一度不再相信愛情，整天上網看抖音，滑

手機，找那些能安慰心情的短句子。

「以前沒有他，你可以過得很好，現在你沒有他，你還是可以過得很好。」

「不要讓遺憾的時間，比你愛過的時間還長！」

「永遠不要為了一段感情，放棄自己。」

我幾乎每天都會花時間看這些短句子，企圖從中得到力量，但實際上我的狀態並不好，看到直線上升的體重，我更加鬱悶。

我一度想過改變，內心又隱隱約約有一種疑惑，為什麼要改變，難道原本的我就不值得幸福了嗎？

要改變還是要維持自己現在的樣子？改變又有什麼意義？難道原本的自己並不值得被愛嗎？我在這樣的圈圈裡循環，繞不出來。

最後我不再去糾結這個問題，畢竟別人給的愛只是錦上添花，知道自己值得被愛才是重中之重。我下載了交友App，在家、在旅行的地方、在通勤的時候，我試著去看看身邊有沒有屬於自己的「菜」。

App上的每個人，除了要你投資理財的詐騙內容之外，幾乎有百分之九十的人，都寫著希望能找到認真的感情、穩定的伴侶，然後在自我介紹上面寫著非誠勿擾。

我覺得很有意思，下載交友App不就是希望能遇到不錯的對象嗎？但沒試過又怎麼知道對方到底有沒有誠意，到底適不適合呢？

或許大家比起找到一段長期又穩定的關係，更害怕自己會受傷，只好在自我介紹的位置先替自己打打預防針吧。

以前我的世界非黑即白，充滿對與錯的紛爭，非好即壞，覺得感情就應該純真，不該摻雜任何其他。現在，慢慢懂了快樂、憂愁都是常態。高雅，低俗，都是生活。胖瘦，美醜，都是真實的存在。生活沒有對錯，只有適不適合，和自己目標最接近的就是合適的。

我嘗試著去愛，可是試了幾個人，連牽手的感覺都不對，沒有那種心跳加速又安定的感覺。

我試著不再封閉內心，參與朋友們的所有活動。有次週末，交友App上認識的朋友約我去和他的朋友們唱歌，現場

有十幾個人，每個人都很嗨，唱歌、跳舞，大家有喝酒，喝得有點茫，我也喝了幾杯啤酒，但總感覺有點累。

現場煙霧彌漫，一群人在音樂、酒精的催化下玩得很大力、笑得很大力，跳舞跳得很大力，這樣的生活不是我想要的。我不由得想，這十幾個人是否和我就只有一次KTV的緣分呢？以後我們還會有交集嗎？我在這邊感覺好空虛，於是便匆匆離開了現場。

那次KTV歡唱後，我有很大的改變，以前我會為了討好而融入，選擇做自己不喜歡的事情。我想起國中的往事，要是當年的我一定會選擇假裝討好，而現在的我終於明白，我也可以選擇不改變、選擇離開，我停止再當一個好脾氣的人了，我也可以選擇讓自己舒服的方式。

當你願意選擇讓自己舒服的方式生活，世界會變得簡單一點。

我的手機裡存著一句我很喜歡的話：

「你本以為跟世界要越多就會得到越多，慢慢才懂，或許當你願意放手才有機會得到不同的結果。這個結果也許跟一

開始想得不一樣，但你會明白伸手要的糖和別人主動給你的糖，味道是不一樣的。

飯要和投緣的人吃才香，日子要和懂你的人過才甜。」

很幸運的是，我後來遇到了那個投緣和懂我的人！

剛開始遇見他，我還稍微有點隱藏自己，我不希望被喜歡的人討厭，但人總是越相處越了解，大概三個月後我們就打開天窗說亮話了。

讓我敞開心扉的契機緣起於電影。他在電影放映的時候牽著我的手，我的手比他的小，他總會緊緊地握住，我也喜歡在看電影的時候靠著他的肩膀。

電影散場了，但我還不想結束，於是我約他到酒吧喝一杯，藉著酒膽，我把自己最不堪的過去，曾經被霸凌過，為了改變而改變，之前被學長傷害過的過去慢慢地向他展示。

他不是一個安靜的聆聽者，會適時地給予想法，而我願意

向他傾訴，是因為他那鼓勵的眼神，讓我感受到被愛。這也是為何後來我們兩個人去KTV唱歌，我會看著他潸然淚下的原因。

不曉得你是不是也曾經和我一樣，認為自己要變得更好才值得被愛？

失敗和被否定的時候，我們都會有讓自己變得更好的渴望，但經歷過以後，我終於懂了，有時候不是我不好，我只是遇到了一個不懂得欣賞我的人。

有一顆渴望變得很好的心值得鼓勵，但別忘了，現在的我們也值得被愛。

接受自己原本的樣子，比努力扮演另一個人輕鬆多了。當我們遇到真正愛你的人，根本無須逞強，因為他們永遠都會接受你最真實的模樣。

條件變好了，就可以得到幸福嗎？

你是否一生都在追尋幸福？你是不是覺得自身的條件變好了，就能得到更多的幸福？其實，世界上過得最幸福的人，不是最有錢的人、不是最漂亮的人、不是最幸運的人，而是最喜歡自己的人。

我曾經也有一度很不喜歡自己，我總覺得自己不夠好、不夠帥、不夠瘦，一直糾結，不願放過自己，不敢找人訴說。

後來慢慢懂了，一個人過得幸不幸福，和別人看你的目光沒有關係，而是，你怎麼和自己相處。

如果你願意多肯定自己、鼓勵自己、表揚自己，這樣下去，你一定會發現自己的亮點，並且學會包容自己的不完美，喜歡上真實的自己。

如果你總覺得自己不夠幸福，那麼請先做好下面的八件事吧。

1. 享受今天的獨處時光。

2. 曬曬太陽，聽聽歌。

3. 去見想見的人。

4. 做事果斷一些，別猶豫。

5. 讓你痛苦的關係就放開。

6. 無論如何都要注意安全。

7. 堅持你想做的事。

8. 學會休息但不是偷懶。

電影《穿著 Prada 的惡魔》中有一句話：「用自己的微笑改變世界，而不是讓世界改變我們的微笑。」我們一起努力吧！

如何創造一段有安全感的感情？

常常有人說，安全感是自己給的，但從來沒有人跟我們說過，到底該怎麼給？有人和我說，提高安全感的前提是，降低期待，對任何人事物都不要有依賴心態。

可是，你不得不承認一個事實，當你有過一段感情陰影，這段經歷會影響你接下來每一段的戀情。因為安全感很難重建，只要曾經被粉碎過，你會覺得之後遇到的每個人，都各懷鬼胎。

我覺得安全感這種東西，不是不可以有期待，而是你的期待不該來自他人的給予。以前沒他，你照樣過得很好；以後沒他，你也可以好好過。

有些人沒辦法接受自己一個人，一旦失戀就會害

怕，非常沒有安全感，害怕自己再也好不起來了。可是，當你把所有的不安、害怕都壓在別人身上，不管對方多愛你，也會有撐不住的一天啊！

真正的安全感是你抗風險的能力有多強大，就像一隻站在樹枝上的小鳥，樹枝很細很小，承載小鳥的重量是樹枝嗎？就算樹枝斷了，小鳥可以飛。

所以真正保證小鳥安全的，不是那根樹枝，而是他的翅膀！

你也一樣，想有安全感，請先學會互相尊重和理解，擁有自己的社交圈，不必因為一個人的離開或到來，打亂你的生活步調。

當你走不出來，缺乏安全感的時候，先恢復規律的生活，好好賺錢、經濟獨立。錢能解決大多數的問題，也會讓你更忙碌，當你很忙的時候是不會覺得缺乏安全感的，因為，你根本沒空。

如果你想嘗試創造一段有安全感的關係，請看看你們有沒有做到這四件事。

第一，坦誠

你心裡有什麼介意的、不滿的，或者希望對方做到的，別讓對方猜了，趕緊告訴他，就算做不到，會吵架也沒有關係，因為這就帶到第二點。

第二，不要冷戰

越愛才會越吵，世界上沒有不吵架的愛情，有問題就解決，晚一點解決也行，但別去冷戰。我告訴你，架吵贏了是輸的，吵輸了，才是贏，這是愛情的鐵律。低頭不是認輸，只是代表你更在意這段感情。

第三，勢均力敵的關係才長久

一段良好的關係，需要雙方互相付出，然而經濟的

條件、情緒的陪伴，是無法等價的，倘若付出與回收落差太大，就會產生計較。因此找一個財力、感情質量都勢均力敵的對象，付出與回收達到平衡，關係才能長久。

第四，不要試探人性

感情需要彼此的尊重和維護，不要輕易嘗試去挑戰、去試探一個人的忠貞，因為人性都有弱點，一旦試探了，輕則心有疙瘩，重則破壞感情，讓人寒心。

07

我不會再動手了

主角背景： F ／ 28歲 ／ 美髮業

認識 K 君的時候，我剛結束了一段糟糕的關係。

我上一段的感情對象總是不願意給承諾，我也就傻傻地和他相處了三年，結束的時候內心肝腸寸斷，一度再也不相信愛情了，所以當 K 君出現的時候，我把他當成了救命稻草。

K 君是在海關工作的公務員，工作時間朝九晚五，穩定、職級高，妥妥的年薪百萬。

他剛認識我就展開熱烈的追求，我其實沒有很喜歡他，但我更不喜歡一個人的寂寞，所以總是把他當成情緒的垃圾

桶，對他抱怨我的前任。

直到有一次，K對我說可以不要再提到前任了嗎？他說，他有點喜歡我，我一再抱怨前任的行為，會把「喜歡我的人」越推越遠。我知道他是在表達對我的好感，受不了我把他當成備胎和情緒垃圾桶，於是對我下了最後通牒。

那天晚上我思考了很久，我不想那麼快投入一段新的戀情，但更害怕一個人孤獨終老，在這個時候，K君的溫柔體貼似乎是我最需要的東西。

我決定接受K的追求，萬萬沒想到，這個男人對我家暴了。

從小我就非常痛恨暴力，被父母呵護在掌心中寵著長大，是個乖乖女，人生一帆風順，唯一的挫折就是沒有按照父母安排的路，而是選了自己喜歡的工作。

我在十五歲的時候選擇成為一名髮型師，從學徒做起，認識K的時候，我已經是髮型設計師了，而且特別會抓油頭，客人都是男生比較多。

剪頭髮嘛，偶爾會跟客人聊天，也許有時候會比較靠近。正式交往的第三天，他來接我回家，看到我和男客人的接

觸，整個人大抓狂。

「為什麼要那麼靠近，笑得像個花痴。」

剛開始還覺得他愛吃醋很可愛，後來才逐漸發現不對。

暴力是慢慢加劇的。

交往第十天，有一天晚上我們在聊天，我一邊看電視，一邊評論劇情，看電視入迷的我，沒聽到他說的話，他嘟噥了一句髒話，被我抓到了。

我將目光轉向他，問他為什麼要這麼說？

我們才交往十天，他就對著我罵髒話？

我不是那麼言語潔癖的人，但一起罵別人和被別人罵的感覺不一樣。

K有些尷尬地解釋說，他平常不是這樣的人，那次會這樣做，是因為覺得自己沒有被尊重。當時這段感情才剛剛開始，我沒有糾結太久就接受他的說法，並和他約法三章。

第二天，K為了補償我，帶我去很高級的餐廳吃飯，服低做小，只為了哄我開心。

接下來的日子平淡卻又幸福，直到交往四、五月後。某

天，他在外面應酬回來，我正在房間裡用筆電找一起旅行的資料，當時是週末，我心情不錯。雖然平常不喜歡他喝酒，但我沒有念他，也沒有和他吵架或責怪他。

他喝多了，講話會打結，他把我的筆電關掉，想和我講話，剛開始我還覺得他說話結結巴巴的很可愛，跟他說了幾句就催促他去沖個澡。

這時候他的手機響了，我想幫他接起來，他或許是覺得我不夠信任他，把手機搶了回去，用手機的一角敲了我的太陽穴。

我覺得很痛，想離開房間，但才剛走幾步就被他推倒在床上。我想從床上起來又被他緊緊壓著。雖然試圖掙脫他，但力氣沒有他大，他還用手牢牢抓著我的手腕，壓制著我。

我的手腕被壓得很痛，我一直在試圖反抗，叫他放開我，他卻根本聽不進去，我又急又氣，眼淚止不住地落，他一副凶神惡煞的樣子，壓得我喘不過氣，就像是要把我生吞活剝似的。

我從來沒見過他瘋狂的樣子，跟平常溫和的他完全不一

樣，我終於掙脫他跑到客廳，想趕快出門走人，我連收拾衣服的時間都沒有，就被他抓回房間，期間還打到我的臉頰，讓我差點摔倒。

我害怕極了，他應該是喝多了意識不是很清楚，我全身都在發抖，向他求饒，但他好像越來越興奮，我被再次壓制在床上，我扭過頭去不願意看他，但一直在哭，我怕他會對我拳打腳踢。

我假裝不再掙扎，讓他放鬆警惕，趁著這個空隙，我趕快跑出門，我連電梯都不敢等，直接朝樓梯奔去。

K追了出來，我已經下樓了，他朝著樓梯罵了幾句三字經，然後撂了一句狠話：「有本事就不要回來！」

我出來得太倉促，身上沒現金也沒地方去，跑出來以後不知道可以怎麼辦，兩個月前我退掉了租屋處，家人也在外縣市，我一個人走在喧鬧的城市裡，看著路上的車水馬龍還有路邊明亮的招牌，似乎只有便利商店還是亮的。

我摸了摸口袋，手機還在，我拿出手機看著滿屏的通訊錄，一時之間不知道該向誰求援，我不想讓父母擔心，也不

想讓朋友覺得自己很沒用，我決定打電話給K的父母。

我向K媽說出自己的遭遇，她很擔心地問我，現在人在哪裡，她和K叔會來接我，她會給我一個公道，讓我不要擔心。

很快地，我上了他父母的車，他們把我帶回家，在車上，K媽向我詢問事情的始末，並且對K君很生氣，一直站在我的立場斥責K君，並且再三地安慰我，K君平常不是這樣的人，她保證不會再發生這樣的事。

我在K君的父母家安頓了一夜，第二天K君出現了，他一見到我就向我道歉，跟我說是在玩，並沒有打我。他還說，我也有對他又抓又咬，他也有受傷。然後他還向我和他的父母展示他受傷的地方。

「我不會再動手了。」他道歉得非常誠懇。

K的父母在旁邊打圓場，再三保證K君不會再動手了，還對我說，小倆口相處難免有摩擦，總而言之講了一大堆，希望我能原諒K君，和他一起回家。

我很後悔第一次原諒了他，現在一轉眼我們已經交往了整整三年多，上述的狀況至少發生了五、六次，只要他出去喝酒就會發生類似的事件。

　　有時候，我的手腕上會有他用力過度的瘀青，同事和美髮的客人看到會詢問我發生了什麼事。我只能支支吾吾地不知道該怎麼回答。其實，我也曾一度好奇，這樣到底算不算家暴，畢竟他沒有直接打我，我也沒有受很嚴重的傷。

　　這三年幾乎每年都會有一次類似的狀況發生，而他的父母也會教訓他，讓我別生氣，說他喝多了，工作壓力大，要我別往心裡去。這些話總是避重就輕，大事化小、小事化無。

　　也許你會覺得，我為什麼不在第一次發生這件事情的時候，就選擇分手？我只能說，他大部分的時間是好的，我們還一起養了三隻狗，雖然不像有孩子一樣，但我也會思考如果離開以後，狗狗的歸屬權怎麼辦？

　　我一度很絕望，那個曾經說要呵護你的人，竟然會做出這樣的事情。最後一次選擇離開，是因為我懷孕了，不想再忍耐了，也不想孩子誕生在這樣的家庭裡。

會打人的男人往往都有類似的藉口：小時候受過虐待、被前任傷害、性格衝動、情緒太壓抑了、當時太生氣了、他喝多了。

可是無論是哪一種，都不能當作傷害人的理由。

我整整和他相處了三年多，也「忍耐」了三年。「忍耐」兩個字並不確切，畢竟這三年我有很多機會可以離開，卻總是優柔寡斷，浪費了一年又一年的青春。

這次懷孕，讓我考慮了更多，我決定為自己和肚子裡的孩子勇敢一次。

家暴這種事情取證並不容易，我偷偷地用手機錄音錄影，隨後驗傷、報警。我堅決地要求警察協助，並做好傷情鑑定，報警後我還留存了報案紀錄、筆錄，向法院申請保護令。

我們沒有結婚，不然上面的程序足以讓家暴男淨身出戶。

我不想再原諒他了，肚子裡的孩子經過再三考慮，我決定拿掉了。身邊有些長輩並不諒解我的決定，但生下來會造成更多的問題，我和他的關係也會變得更加的複雜。

我的表妹就是一個最好的例子，她和老公有一個兩歲的孩

子，結婚沒多久每天吵吵鬧鬧，有一次被打到眼角瘀青還假裝沒事。

親朋好友勸她離婚，她哭著對我們說：「你們這些人只管殺，不管埋！

「我帶著孩子要怎麼過？沒能力獨自撫養也就算了，甚至連住的地方都沒有。」

有人勸她把孩子給男方，她又哭得肝腸寸斷，以後見孩子就難了，她捨不得。

最後不管旁人怎麼說，她都會幫那個沒用的老公講好話，「他也不是天天打我，夫妻都有矛盾的，他向我道歉了，以後不動手了，再原諒一次吧。」

「我不會再動手了。」這句話我真的聽到噁心極了，曾經有句話說，家暴只有一次或無數次，我這幾年徹底懂了。

我也曾經自我麻痺過，跟自己說：「他會改」、「下次我不惹他就好」。經過了整整三年我才明白，與其期待別人改變，不如自己有所覺悟，才能讓以後過得更好。

有段時間，我的父母不太諒解我的決定，他們還不知道孩子的事，光是得知我決定和Ｋ君分開，他們就不太樂意，然後把所有的問題歸咎在我的身上。

　他們認為Ｋ君是個好對象，平常相處也愉快，怎麼會說結束就結束。

　我原本為了面子，以及不讓身邊的人擔心，選擇把Ｋ君的瘋狂行為隱藏。直到我和Ｋ君徹底結束後，我的父母親又再次語重心長地對我說，玩心不要太重，該結婚就結婚了，白白讓一個好對象離開。

　我不曉得發了什麼瘋，像一個受盡委屈的孩子似地止不住啜泣，我那老父親一看到我的淚水頓時慌了手腳，連忙問我怎麼了。

　我把Ｋ君的粗暴行為一五一十地說了，父親幾欲落淚，他說：「妳怎麼能讓他這樣欺負妳！妳還有爸爸啊。」

　是啊，我忘了家永遠是我的避風港，即便有什麼不愉快，

家人哪有隔夜仇。我把所有的事情說出來之後心情變得輕鬆很多。

　　我不用再假裝自己什麼都好，彷彿一切都是我的錯；我也不用再忍受K君的失控行為，騙自己下次不會再發生了。

　　女人要打過男人是很難的，體力差距太大，即便我有試圖要反抗，但依然無法掙脫他的壓制，所以我不建議女生激怒男生，沒必要逞口舌之快和對方對罵，甚至激怒對方到讓自己受傷的程度。

　　一旦你發現一個人總讓你感到焦慮、不安，試過一陣子以後又無力改變，那麼各自安好才是最好的選擇。

　　離開不是一種錯，只是兩個人在一起的時候狀態不好。

　　比較欣慰的是，我現在已經離開了，我帶著我們的三隻狗離開了那個家。

　　唯一後悔的是沒有早一點離開。我說的時間點不是第一次被他粗暴的對待，而是交往第十天，他曾用髒話咒罵我的時候就該有警惕，不要那麼快陷入這段感情。

　　我總在想，我曾經有一度像鬼迷心竅似的，不願意離開K

君，千方百計地爲自己和他的愛情找藉口，這到底是爲了什麼呢？

最後我終於明白，原來結束一段感情，不止是和對方分手，還是和過去的自己、被愛過的自己告別，正是因為和過去的自己告別，所以我們才會那麼痛苦。

所以，與其跟傷害你的人糾纏不清，不如做一回勇敢的自己，那個有勇氣跟過去說再見、有勇氣踏入未來的自己。

願你永遠不會經歷我所經歷過的。

愛的感悟

如何讓自己不要被傷害？這六件事一定要做

第一，不要挑釁，保護自己，儘快離開現場，安全
　　　第一。

第二，打一一〇報警或一一三家暴專線，電話二十
　　　四小時全年無休，可以得到更多協助。

第三，到醫院驗傷並開立診斷書，婦科、外科、小
　　　兒科皆可。

第四，可以向法院聲請保護令，確保自身安全。

第五，對暴力現場或施虐行為進行拍照存證，但務
　　　必以自身安全為優先考量。

第六，尋求法律協助，確保自身權益。

人生不發生一點爛事，你永遠看不清，身邊人的另一副嘴臉。

　　有些人長得就像QR Code，你不掃一掃，還真不知道他是個什麼東西。

　　人要愛得瀟灑、活得清醒、思想獨立、行為獨立。

　　揮別過去以後，讓我們一起少理爛人、專心賺錢、吃飽睡好。

愛情不要隨便回頭

如果每次分手都是你拉下臉去找他，那麼這樣的感情千萬別再回頭了，無論男女都一樣！

分手一般有兩種狀況。

第一，你被拋下了，這種時候，你多半會先想到對方的好，想要挽回對方。

第二，你拋下別人了，這種時候，你想得都是對方的不好，你不想再繼續了。

曾經有人問我，要怎麼讓前任後悔離開呢？

其實，你為什麼要讓他後悔？既然結束了，他後不後悔關你什麼事？

如果是我，我寧願前任永遠不要後悔。

因為從他想回頭的那一刻，就意味著，他已經不配得到我的愛了。

仔細去想想，你覺得他為什麼會後悔？是因為發現你比較好，他想回來了嗎？

那麼他為什麼會發現你比較好呢？因為他經過千挑萬選，貨比三家，才發現你最適合。

那你今天是什麼？是任他挑選的水果嗎？可以讓他試吃體驗，秤斤論兩，嫌東嫌西，最後再勉為其難地把你帶回家嗎？

他這陣子一定是在各式各樣的人身邊流轉，但凡能找到一個比你更好的，根本不會記得你是誰。

有些人會幻想，是不是苦盡甘來，浪子回頭金不換？

你可以這麼想，但在我看來，他是在騎驢找馬，貨比三家。

真正的愛，不是比較出來的！而是我知道我能夠遇

到更好的，但我想要的只有你！

如果你遇到頻頻吃回頭草的、斷不乾淨的情人，你要觀察他是不是那種，先去別的地方逛逛，看看有沒有更好的、更合適的，最後他找不到合適的，才回頭找你的人。

這樣的感情，根本一文不值！從他毅然決然放開了你的手，就要知道，別後悔、別回頭，我沒空。

千萬不要讓情緒影響了你對這段感情的判斷力。我們必須有勇氣接受，愛情可能沒有結果這件事，不要因為害怕沒有結果，而喪失了再愛一個人的勇氣。

真正可悲的不是你沒有愛到這個人，而是當對的人出現的時候，你發現自己失去了愛的能力。

無論這個世界帶給你多少的槍林彈雨，你要記住，那些殺不死你的，會讓你變得更強大。

不必擔心自己沒有人愛，不必去怕這個世界會帶給你的傷害，勇於接受付出以後的一切後果，總會有那

麼一個人，翻山越嶺，奔你而來。

　哪怕晚一點，他也一定會來。

感謝曾經發生的一切，
它們都指向更美好的未來。

你追求的應該是幸福，
不只是愛情

08

我最親愛的，你過得怎麼樣？

主角背景：惠子 / 27歲 / 孕婦

　　兩年前我的父母過世了，留下我孤身一人。雙親健在的時候，我也只有和母親比較親近。母親在二十八年前認識了父親，他來自日本，那時候來臺灣出差，在花蓮的一家小小的酒吧點了一杯酒，兩個人酒酣耳熱之際就有了我。

　　父親似乎並沒有想要我這個女兒，母親也沒有一定要他負責任，然而，他們還是結婚了。母親說，她想給我一個完整的家，於是一個人遠赴日本大阪和父親生活，而我也在大阪長大。至於父親……他長得太帥了，屬於那種會拿錢回家，

但心沒有在家的大男子主義者。

父親平常不太出現在我的生活裡，也不太回家吃飯，總是在應酬。就算回家，通常是一身酒臭味，讓母親忙東忙西的，又是遞拖鞋又是放洗澡水，然後還要煮宵夜給他吃。對我來說，父親寧可一個人在深夜吃醃漬鮪魚、喝味增湯，也不願意多陪陪我和媽媽。

我總覺得母親委屈了，媽媽為了這個家付出很多，但她總會笑著告訴我，男人給妳錢不見得愛妳，但不給妳錢一定是不愛妳，妳父親至少每個月都有負擔我們母女的生活費，也沒那麼不好。

我知道，她希望可以緩和我們父女的關係，但我感受到更多的是她的委曲求全。我不希望自己變得和她一樣，我要成為一個獨立的女性。

五年前，父親過世了。我和母親決定回臺灣生活。她有好多年沒回花蓮老家了，在我的威脅利誘之下，她半推半就地跟著我回到臺灣這塊土地。

我們對臺灣的感情很深，小時候父親每年總會抽出兩個月

的時間陪母親和我回花蓮，那段時間多半是我的暑假，也是童年裡為數不多的，與父親的溫馨回憶。

父親很嚴肅，他不愛說話，最喜歡釣魚。小時候我陪他去釣過幾次魚，但我總是太吵太鬧，把那些魚都嚇跑了。他總會對我說，下次不再帶我去釣魚了，而我每次聽到他這麼說，就會哭得很難過，父親此時會皺起他那雙好看的眉眼。

母親呢，她每次都替父親整理釣竿和魚簍，有時候釣到好吃的魚，母親雖然沒說，但我看得出來她的眼睛會發光，她呀，最喜歡吃魚了。

因為我每年都會在臺灣生活兩個月，所以我的中文還算可以，雖然有些日本口音，但溝通無礙。臺灣的生活比想像中難，以前我是作為客人回來玩，對臺灣有「暑假濾鏡」，總覺得生活愜意，壓力沒日本大，而且父親在花蓮是屬於我的父親，母親在這裡也不像在日本每天忙東忙西的。

回歸真正生活後，我發現花蓮的工作機會太少了，薪水也太低了，雖然我身為半個臺灣人，但還是有很多侷限，我決定一個人上臺北闖闖，讓母親留在花蓮和她的家人相處。

那些錯過，但不遺憾的人

這大概是我做得最正確卻又遺憾的一件事了吧。正確的是母親在這兩年過得很快樂，遺憾的則是我沒見到母親的最後一面，母親也沒看到我披上婚紗的樣子。

聽外婆說，母親最後的一餐是醃漬鮪魚和一碗味增湯，那陣子她總是念叨著好久沒吃到父親釣的魚了。我想起來父親在日本的時候帶我去釣魚的那些時光，原來他不想帶我去釣魚是因為，會讓他釣不到母親想吃的魚。

我總是覺得自己不是很了解父母親，再加上忙於工作，臺北和花蓮的交通也沒有想像中方便，當我得知母親身體出問題時已經是末期了，她走得很突然、很快，我幾乎沒有時間反應。

我送她最後一程的時候沒有哭，父親走的時候也沒有眼淚，讓我一度懷疑自己是個冷血的傢伙。直到一年後，在生日那天，我突然意識到賜予我生命的兩個人，和我血緣最親近的兩個人都不在了。

那天晚上，我循環播放著張惠妹的〈我最親愛的〉。

「我最親愛的，你過得怎麼樣？」

「沒我的日子，你別來無恙？」

「我想你一定會喜歡，現在的我學會了你最愛的開朗。」

「還有什麼錯，不值得被原諒……」

這幾句歌詞讓我哭得不能自已，本來以為可以彌補那些空白的時光，一切都來不及了。男朋友在身邊陪著我，他默默地關掉手機，不玩遊戲，把我摟在懷裡一整晚。那一刻我決定這個人可以託付終身。

我一直不希望自己的另一半像父親那樣大男人主義，總認為男主外女主內，所以我找男友的條件幾乎和父親相反。我的男友不需要長得有多帥，但必須是個溫暖體貼的人。或許是運氣還算不錯吧，讓我找到了符合條件的男友。

有趣的是，身邊的朋友總是擔心我，會不會被他欺負？畢竟他的家境不錯，又是獨子，被父母捧在手掌心中長大，認為一切都應該在他的掌控之中。

他看起來強勢，實際上是個暖男。記得剛開始交往沒多久，我面臨工作低潮，曾試探地問過他，未來如果我回日本，他會不會陪我回去？

他先反問了一句：「回去多久？」

我說：「回去日本生活，不知道會多久，可能就在那邊發展了。」

他面有難色地對我說：「我在臺北有家人、有工作、有朋友，如果是每年陪妳去日本住兩個月可能沒有問題，但如果是要陪妳去日本生活，那可能要再想一下。」

其實我根本沒打算讓他拋下身邊的一切陪我回日本生活，所以當他告訴我，願意陪我每年回日本住幾個月，對我來說就已經足夠了。

我把這件事告訴身邊的朋友，有些和我比較熟悉的，居然笑我雙重標準。我父親也同樣陪伴母親每年回臺灣住兩個月，我卻覺得他不夠愛母親，而我男友目前不過是口頭承諾，我卻把他當寶。這是什麼道理？

朋友的揶揄讓我有些哭笑不得。

年紀漸長，我開始懂得了父母親之間的相處方式，他們或許有自己表達愛的方式，只是當時年紀小的我並不理解。像我和男友，他雖然看起來很強勢，很多事情看似都是我在配合他，例如是他決定我們要在哪裡生活，但他有溫柔的一面只有我看得見。

　　兩個月前我們到日本旅行，發生了一件會刻在我心底一輩子的事。

　　那天我們要趕一早九點的飛機回到臺北，需要提前兩個小時到關西機場，那麼我們最晚必須早上六點起床、六點半搭車。

　　前一天晚上，我問他，明天需要幾點起床？

　　他說，行李都準備好了，但他習慣早上沖個澡，所以預計六點起床。

　　我也想沖個澡，為了不耽誤時間，我決定提早十分鐘起床，把鬧鐘設定在五點五十。

　　第二天鬧鐘準時響起，但那時候是冬天，我不想離開溫暖的被窩，把鬧鐘按掉賴在床上瞇著眼睛，半夢半醒之間，男

友即刻起身沖澡，讓我多睡了那短短的十分鐘。他洗完澡以後我也立即起身沖澡，我們幾乎在六點二十左右就一切準備就緒，等待著機場接送的司機來電。

這是一件小得不能再小的事情，但與我前一任的男友截然不同。

要是以前，絕對是我們兩個人都賴床到六點十五起床，而且是我先匆匆忙忙地驚醒，來不及沖澡、胡亂刷牙洗臉，然後兩個人一起遲到十分鐘。

這件小事讓我深有感觸，願意讓我多睡十分鐘，願意讓我賴床的人是他，他不需要一再地配合我，而是他有讓我感到被愛那就足夠了。

同樣地也是那次日本旅行，剛好是各大廟宇的祭典活動。我們都想去逛逛走走湊個熱鬧，順便把晚飯解決掉。偏偏那陣子天氣不好，傍晚總會飄雨，逛廟會並不太方便。

那次我任性地想撐傘、淋雨去逛廟會，但男友堅決不允許，他說我容易喉嚨不舒服，像這樣的天氣若淋到雨很容易感冒。

我說，我很想吃廟會的小吃，懷念小時候的味道！

男友還是不准我出門參加廟會，正當我難過沮喪的時候，房間的門鈴響了，有個外送員在門外拿著許多廟會的小吃，像是紅色焦糖蘋果、章魚丸子、鯛魚燒……許許多多的餐點。

他把餐點遞給男友，男友關上房門後對我說：「雖然我不能帶妳去逛廟會，但我把廟會帶來給妳了。」

那一刻我的心中溫暖得無以復加，眼眶濕濕的有種想哭的衝動，因為我知道自己不再是孤零零的一個人，他是一個值得託付的好人。

交往三年後，我們也討論過結婚。有很多需要決定的瑣事，就算我們希望一切從簡，但也還是忙得焦頭爛額。結婚不只是我們兩個人的事情，而是兩家人的事。更別說婚期由於疫情的緣故一再延宕，卻也讓我有更多時間可以思考到底未來該怎麼走。

過去的眼淚與心碎都是禮物，帶來了堅強與修復，感謝曾經發生的一切，它們都指向更美好的未來。

我們沒辦桌、沒開席、沒收禮金，也沒拍婚紗，只想出國度蜜月。偏偏因為疫情我們根本沒辦法出國旅行，也沒辦法像之前討論的那樣，每年住在日本一陣子。畢竟疫情最嚴重的那兩年，光是入境封關和隔離十四天就足夠折騰人了。

計畫趕不上變化，但現在的我過得很幸福。

雖然說當時結婚的時候，心裡是有一點遺憾的，遺憾媽媽沒有看到我披上婚紗的樣子，爸爸沒有機會挽著我的手，陪我走紅毯。

直到婚後快一年了，我做了一個夢。

那天我夢到了久違的父親，他還是記憶中英俊瀟灑的模樣，他一手拿著釣竿，一手拿著魚簍，母親挽著父親的手臂，看起來兩個人要出發去釣魚。

反常的是，母親挽著父親的左手臂沒有說話，倒是父親用日文對我說。

「惠子，妳健康嗎？」

「我很健康。」

「惠子，妳平安嗎？」

「我很平安。」

「惠子，妳快樂嗎？」

「我很快樂。」

「惠子，妳還有遺憾嗎？」

「我沒有遺憾了。」

「妳沒有遺憾，那我們也沒有遺憾了。」

夢裡面，父母親他們就這樣笑著看著我，我也笑著看著他們。然而，笑著笑著我就哭了。我哭著醒來，身旁的先生睡

眼惺忪地看著我。

我淚流滿面地重複夢中與父母的對話。

我有點無法接受爲什麼母親在夢中一言不發，爲什麼父親在夢中還是沒有說出他的愛和思念。

先生遞了一張衛生紙給我，他搖頭聳肩表示不知道該說些什麼，他牽著我的手說：「妳的父母回來看妳了。」然後默默地陪著我哭。

木訥的他不會說什麼好聽的話，卻會做很多讓我覺得溫暖的事。

雖然我嘴巴上說，不想重蹈母親的覆轍，不要找一個跟父親一樣嚴肅、不愛說話的人；但似乎在外人的眼裡，我就像母親那般，找了一個不苟言笑的伴侶。

仔細想想連我自己都驚訝於命運的安排。

我和父親的關係沒有像與母親那般的親密，我似乎總在刻意地保持優秀懂事，試圖符合他的期待。

一個月後，我發現我懷孕了，還不知道孩子的性別。

身爲一個新手媽媽，我對於當年父親和母親的心境有更多

體會。尤其是父親，他也是第一次為人父母，也還需要時間成長、成熟，直到他病逝後，我才逐漸感受到他對我的愛與關懷。

　　我開始懂了那天晚上的夢，現在懷著身孕的我，終於明白了在父親和母親的心中，天大的事都比不上孩子是否健康、平安，心中是否還有遺憾重要。

　　只要我們快樂，他們也就快樂了。

愛過以後才懂的兩種戀愛模式

戀愛有兩種模式，一種是認同父母的相處模式，另一種是和父母的相處模式背道而馳。

成長的過程中，父母的感情是我們最好的參照物，我們剛開始談戀愛，第一個模仿的對象就是父母的相處方式。

無論是哪一種原生家庭，對戀愛都有很大的影響，我們可以回想過去父母的相處模式，尤其是不合理的溝通，比如說當他們互相抱怨和指責的時候，這樣的模式行得通嗎？

當我們的關係出現問題，若是延用父母的溝通模式，是否會成功呢？還是需要採用另一種方式去處理，以避免一而再、再而三地消耗彼此感情？

當我們對關係出現不信任、感到恐懼，有時並不是當下的關係有問題，而是來自從前的創傷。小時候看到父母關係的失敗與困境，孩子成長後，也容易對愛情與婚姻感到不信任。

所以我們必須去正視且接納自己內心的不完整，想要擺脫這種痛苦，必須學會把此刻的焦慮不安，和過去在原生家庭中所承受的創傷，區隔開來。

人生是你的，路是自己走出來的。我們應該依據實際發生的情境來考量，而不是透過重複回憶某個創傷來做反應。

我們都是邊愛邊學，愛過以後就算還找不到想要的，但至少可以知道自己不想要的是什麼。然後用自己舒服的方式去愛自己和別人。

09

噢，親愛的，
妳知道我從來不在意那些

主角背景：瑪姬 / 37歲 / 保險業

前幾天我接到前夫的電話，他說要再婚了，他的新對象懷孕了。

我在電話裡忍住問他：「你確定是你的孩子？」的衝動，表示由衷地為他開心。不要以為我說的是違心之論，我是既替他開心也替他擔心。

我們是異國婚姻，有過一段相戀三年、結婚十年的婚姻，雖然沒有攜手走到最後，但還算分得不難看。

前夫 Z 是個愛好自由的澳洲人，天生不受拘束，喜歡小酌兩杯，衝浪、搖滾，還組了個樂團；他對於錢看得不重，就連去超級市場看到買一送一的商品，也只會拿一個，只因為認為自己不需要。

　　而在朋友的眼中，我是個追求事業的女人，喜歡所有的事情井井有條、一絲不苟。其實，他們都不知道，我也有小女人的一面，只會在他面前展現。

　　在一起十三年，他的頭髮都是我剪的，他的每次樂團表演，我也會到場支持，站在最前排隨著音樂搖擺，即便現場的觀眾不多，但看著他做喜歡的事，我就會感到很快樂。

　　我們的個性非常不同，卻又可以彼此互補，當我偶爾神經過於緊繃的時候，他的那份悠然自得，總能提醒我要放緩腳步，不要瞎操心。

　　至於當初為何要分開，我唯一能想到的理由是兩年前 Z 的生日派對。

　　那次，我們和幾個朋友約在家裡喝酒，慶祝 Z 的生日，酒後三巡，朋友們聊起有沒有未完成的夢想。

日本女性朋友笑著對我說，很多日本女人在孩子長大成人後會離婚，追求自己的夢想。「你們沒有這個問題。畢竟也沒有小孩，妳一直在追求著自己的夢想。」她語帶羨慕地說，我活成了很多日本女人想要的樣子。

我的心刺痛了一下，但來自法國的朋友隨即接話：「在法國有很多男人會在四十歲的時候選擇追求夢想，不然年紀大了，精力不同以往，就再也沒有機會了。」

法國朋友問Z，有沒有什麼想做卻還沒做的事？

Z說，他想去南美洲的哥倫比亞生活，開間餐酒館，和他的老婆、孩子在那邊享受生活的氛圍。

在場的人都覺得很有趣，只有我有些意外，原本以為Z會說高空彈跳、環遊世界……這類型的夢想，畢竟我們說過不生孩子，還有哥倫比亞，到底是什麼時候跑出來的想法？

不過，那時候大家都多喝了幾杯酒，這些夢想講出來就是圖個好玩嘛，我並沒把他的話放在心上。沒想到酒醒以後，Z竟然認真問我，願不願意和他生孩子，然後一起去哥倫比亞生活。

我又不是瘋了，要我放下一切到人生地不熟的哥倫比亞生活？還要生孩子，我們交往的時候就討論過這個問題了，我天生沒有子宮，無法懷孕，他到底在想什麼，做事又不經大腦了。

沒有子宮的事，在我心裡是個遺憾，身邊的朋友幾乎都不知道，只知道我是一個事業心很重的人；但Z一直都很清楚，他也能接受我的缺憾。或許人在每個階段想要的東西不一樣吧，我問他，是想要領養還是找別人生？我還沒準備好當媽媽。

我連珠炮地詢問許多問題，你有開餐廳的經驗嗎？有認識哥倫比亞的人嗎？知道哥倫比亞的治安很差嗎？養小孩很貴，我們哪裡有錢？

他說不出話來，我企圖用這些問題讓他打退堂鼓，但他異常堅持。

我最終甚至放話：「不然就離婚吧。」

後來的故事你們都知道了。這句話一語成讖，他選擇了哥倫比亞，而我留在了澳洲雪梨繼續生活。

Z 簽署離婚協議書的那刻，我就站在他的身旁，偷偷注視著他專注簽名的側臉，挺拔的鼻子，捲翹又濃密的睫毛，他還是長得如此好看，只是眼角的細紋出賣了他，他已經快要四十歲了，卻還是像個二十幾歲的小毛頭那樣，想做什麼就會衝動去做，從來不考慮後果。

　我知道他想要的並不過分，有些事我們都不必去爭論，但未來再見只是陌生人了。

　他抬起頭，發現我的目光，「怎麼了？不舒服嗎？妳還好嗎？」語氣中的關心讓我突然感到不捨，原本獨屬於我的關心，以後都是別人的了。

　我搖搖頭表示謝謝關心，忍住即將從眼眶裡滑落的情緒，嘴角揚起了一個比哭還難看的笑容，對他說：「我很好，我還會把接下來的事情處理好，你付過的貸款我會全部算清楚再付給你，你搬去哥倫比亞以前都可以住在這裡，你從沒去過

哥倫比亞，留職停薪只能三個月，最終還是要回來雪梨辦簽證處理工作的事情，那時候你還是可以住在這裡，我不會那麼絕情……」

「噢，親愛的，妳知道我從來不在意那些。」他打斷了我的話。

「對，你從來不在意這些，都是我在意這些。」我忍不住刺了他兩句，「以後要靠你自己了，希望你能得到你想要的一切。」

離婚後的生活是漸漸改變的，剛開始一如往昔，在外人看來，我們的關係除了少了那張結婚證書沒有任何改變，我們依然很親密，住在同一屋簷下，我依然每天加班工作、爭取晉升的機會。他會發訊息問我，今天想吃些什麼，他會負責做晚餐，除了分房睡，生活真的沒有不一樣。

可是我很清楚一切都不一樣了，我們避開了彼此的坦承和

接納，雙方都有意識地避談他即將要前往哥倫比亞的事，彷彿一切沒發生過。

我摸不透 Z 的想法，只能假裝自然地和他相處，我告訴自己，是他不要這段關係的，我有錢、有好的工作、長得也不算太差，結束這段婚姻是他的損失，不是我的。

我買了一張從雪梨到斐濟群島旅行的機票，機票時間就刻意訂在他前往哥倫比亞的前三小時，因為我不想面對離別的場面，我要他送我離開，而不是我送他離開。憑什麼我要成為被拋下的那個人，我會過得比以前更精彩，我也會過著我想要的人生。

一切都準備就緒了，終於到了他要前往哥倫比亞的前一晚，Z 在晚餐時打開珍藏多年的紅酒想和我喝一杯。我接受他的好意，抿了一口酒，心中忍不住泛起苦水，冷靜地詢問他：「明天我們要一起出門去機場嗎？你有需要搭便車嗎？」

他終於忍不住淚水，一個大男人在我面前哭得像個孩子。我知道他捨不得，但我又何嘗不是呢。他不可能抱著我，對我說一句「不走了」，所以哭有什麼用呢，我不想用眼淚去

挽留，他有他想要的人生，我有我的追求，現在記住彼此最真摯的樣子就好了吧。

　　心中的千言萬語，化作最後一句祝福，我拿起酒杯對他說：「祝你展開新的生活，一切順利。」

　　從斐濟群島旅行回來後，我獨自一人面對沒有 Z 的房子，剩下我一個人的地方還能稱做「家」嗎？我看著整整兩週沒有人打理的小院子，雜草長高了，以前都是 Z 負責處理這些瑣事，現在只剩下我一個了。

　　我強逼著自己打起精神，拿起電話打給遠在臺灣的朋友。他是名情感作家，雖然自己的感情生活也是一地雞毛，但我們結識了二十年，只有他能陪我閒話家常，一講就是三、四個小時，我們聊天的內容沒什麼營養，但至少能消磨時間，讓我不再那麼孤單。

　　幾句只有我們才懂的開場白後，我進入了正題。我告訴我

的作家朋友，我很好，我有人人稱羨的工作，高收入，活潑的性格，不錯的外貌，婚姻好累，不要隨便走入婚姻，我決定斷情絕愛，我甚至和他開玩笑：「以後我要去法國，我要當聖女貞德，不要再愛了！」

我一邊聽著辛曉琪的〈領悟〉，一邊對他說，「你知道嗎，愛真的很麻煩！」我發下豪語：「老娘不要愛了，老娘自己就可以過得很好！」

陪著我嬉笑怒罵的作家朋友突然沉默數秒，他很認真地說：「也許這就是妳的功課。」

「你在說什麼啦！我一個人也過得很好啊！我一直在充實自己，我還⋯⋯」

他打斷我的話：「我知道妳一直在充實自己，妳有在學法文、學畫畫、學單簧管⋯⋯妳讓工作和生活都維持正常，妳一直都很清楚，自己一個人也可以過得很好，我一直很佩服妳，妳真的做得很好了。

「有些人的功課是學會愛自己，而有些人的功課是相信這個世界還有再愛的可能，也許妳的功課就是這個。」

作家朋友拋出的話題讓我一時間不知所措，我又用了最熟悉的做法：「你憑什麼一副人生導師那樣給我建議，你自己的感情也有很多問題啊！我很清楚自己要的是什麼！我不要再愛了啦！我幹嘛再愛！這幾年我想通了……」

我以為自己很冷靜，卻根本不記得後來說了些什麼，我知道我總是用這種刺痛別人的方式保護自己不要受傷害。我當然渴望幸福啊，誰不渴望呢？但幸福的定義是什麼？對前夫來說，他的幸福是有孩子；對我來說，幸福是過好一個人的生活，相信自己還有再愛的可能。

好吧，也許是吧。雖然偶爾還是會想要用全盤否定一切，告訴自己最壞的打算，斷情絕愛來掩飾心中的不安，但我也不打算住在回憶裡不出來，只是我還沒準備好。

自從接到前夫報喜的電話，我才發現已經一個人快兩年了，雖然偶爾還是會想起他，心裡有些牽掛，但很多事情久

了也習慣了。

我們還是有保持聯繫，雖然不像過去那樣生活在一起，但幾個月還是會通一次電話了解近況。

還記得他說在哥倫比亞戀愛以後，我本來以為沒什麼感覺，直到我去看了他女友的IG，突然有種莫名熟悉感，他還是那樣憨憨的，還是拿到一把吉他，眼睛就會發光。他遇到了一個很合得來的拉丁女友，每天陪著他，也喜歡和他一起慢跑、運動，會隨著他彈奏的音樂翩翩起舞。

總之他還是他，只不過身邊的女人看起來對他更包容了。

很完美的一對，恭喜！剩下的就是時間的考驗了。

> **有些人的功課是學會愛自己，有些人的功課是學著再愛一次，還有些人的功課是學會放手；而我學會了，分手和相愛一樣重要，感情不必勉強，也不用假裝堅強。**

即使祝福中夾雜著一點遺憾，但我不後悔分開，因為知道沒辦法給他想要的，再耗下去彼此都更痛苦。

我面對了自己的功課，選擇離開澳洲雪梨，到法國工作和生活。

明天就要搬家了，我看著空蕩蕩的房子，凌亂的行李，哼著劉若英的歌，至於哪一首？就讓你們猜吧（笑）。

回想著剛搬來雪梨的喜悅，布置房子的興奮，沒有錢的窘迫，考試的壓力，與小強大戰三百回合的恐懼和勇氣。從一個人到兩個人再到一個人，我漸漸接受這裡是我的家，一個小窩，或許不夠完美，卻承載了很多很多的回憶。

我即將搬到法國開始新的工作和生活，心情複雜卻有種如釋重負的感覺，這是再多錢也買不到的釋然。

這一年我學會了很多，我學會了找園丁整理花園的雜草，我的法文檢定過了，找到了法國的工作，甚至找了房仲售

屋，離開這座待了十多年的城市。

關於感情，這一年還是空白的，我和作家朋友閒話時，還是嘴硬地說，自己這一年確確實實做到了「聖女貞德」的斷情絕愛！

明天就要搬離雪梨了，朋友都聚過了，工作也交接完畢了，我在想還有什麼是搬走前還沒做的事情，有什麼會讓我念念不忘？

確實是有的。家裡附近有一間超好吃的炸魚和薯條，最絕的是店家的精釀啤酒，第一次來喝的時候，發現他們的啤酒融合了果香、巧克力及麥芽的苦味，一嘗到這個味道我就知道，我會成為常客！

最後一天了，我叫了外賣送到家裡，還特地點了兩杯精釀啤酒和一份炸魚薯條，敬了自己一杯。即便在結束的當下，改變看似緩慢，但面對人生的功課，朝著幸福的方向前進，永遠都不嫌晚。

生活啊，不需要比別人好，但一定要過得比以前更好。

用戀愛腦發展事業，用事業腦發展愛情

太年輕的女生不一定能聽得懂我的話，經歷過比較多的就會明白，要用戀愛腦去發展事業，用事業腦去談感情。

女人要用事業腦發展愛情，婚姻的本質是找「人生合夥人」，因此尋找另一半時要多一點理智，遇到合適的人可以積極爭取，不合適的人也要懂得當機立斷地離開，不要執著。

「用戀愛腦發展事業」意思是讓你用戀愛的心情，毫無保留地投入你的目標，人會背叛你，你的累積不會，累積會讓你創造更好的自己。

有個女粉絲曾私訊我說，一段失敗的感情讓她的人生陷入僵局；我告訴她，讓自己忙起來，把時間和金

錢都留給愛妳的和妳愛的人。

她喜歡做菜，我就建議她，每天做一道菜記錄心情，把失戀的心情和為何要做這道菜的原因放在IG上。

經過一段時間的累積，她發現自己的人生不是只有愛情和失望，短短的三個月過去，她就找到新的寄託、新的方向讓自己變得更好。

這些事看起來雖然簡單，但需要勇敢開始才能慢慢做到。女粉絲後來變成我的學生，照著我的建議經營自媒體，一年後有了個人品牌，還有些公司行號找她做烹飪教學，現在事業發展得不錯，也遇到更適合的對象。

愛情和事業的主動權都要掌握在自己手上，大家都要勇敢追求自己想要的，經營自己吧，別再消耗青春了。

10

再給我兩年的時間，
我就收心了

主角背景：T ／ 37歲 ／ 家庭主婦

　　我前幾天和老公阿明到臺北的高樓旋轉餐廳用餐，自從結婚懷孕生小孩以後，我已經三年多沒踏足這座城市了。仔細一算，距離二十二歲那年大學畢業上臺北，十五年的時間一晃眼就過去了。

　　我似乎離這個紙醉金迷的城市很遙遠，在這個陌生又熟悉的城市，有些事變了，有些事似乎永遠都不會變，就像我和阿明隔壁桌的那對男女，當年我也像那個打扮入時的女孩一

樣，試圖找到一個「好」的男人。

我是雲林長大的鄉下孩子，從小長得不錯，身邊總是不缺那些獻殷勤的男孩子，阿明就是當年追得最勤的那個。

年輕時，我總想離開雲林這個鳥不生蛋的地方。我們的家鄉方圓五公里找不到一家小七，平常拿個包裹還要騎十分鐘的摩托車，這不是我的人生，我值得更好的。

阿明是我的初戀，高中三年、大學四年，每天都會買早餐給我吃，人長得不差，黑黑高高壯壯的，手很粗糙，一看就是做粗工的。可是別小看阿明，他們家的條件不錯，開了五、六家修車行，也算是一個富二代。他對我很好，但實在是太老實了，以前和他說過一次我喜歡吃鮪魚蛋吐司配半糖奶茶，他居然連續七年都買一樣的早餐。

你看看這個不懂得變通的死腦筋。

大學畢業後，阿明向我求婚，被我拒絕了。一個大男人在我們鎮上唯一的一家咖啡廳哭得死去活來，整個鎮的人很快就知道我們分手了，也都知道他在咖啡廳哭著對我說，可以等我，會對我「好」，但我就是死活不願意和他繼續在一起。

這也是我受不了這個小鎮的原因之一，不過，我也不在意，畢竟，我真的不想一輩子待在這裡，所以牙一咬，頭髮一甩，**給我兩年的時間就好**，我要到臺北闖一闖。

一開始，我找了一個行政工作，補習班櫃檯，那時候剛上臺北，我還在思考未來的方向。我要得並不多，只想要遇到一個「對我好」的男人，但所謂的「好」又是什麼？我不需要很貴的化妝品、名牌包，也不需要很多很多的錢，只想好好地體驗人生。

可是大概是新鮮人的薪水實在是太低了，體驗人生也需要錢，幾次和朋友們吃飯、喝了幾杯星巴克、去幾趟夜店、坐計程車，薪水就沒有了。

我很快離開補習班櫃檯的工作，朋友介紹我到賓士車的展銷中心當業務。在這裡有很多和我一樣年輕漂亮的業務小姐，來買車的客戶口袋比較深，我學會了看一個男人不一定要看他講的話，還可以看他的穿著打扮、車子、手錶。

有個同事姐姐活成了傳說，她讓對方與原配大老婆離婚，從賣車子的女人變成了車子的女主人。有一次餐敘，我見到

了這位傳說中的同事姐姐，大概是嫁了個有錢的老公，整個人的氣勢都不一樣。

那天我們多喝了幾杯酒，我跟她感嘆在求學時期有一個交往七年的初戀男友，他對我很好，之前有論及婚嫁，可是我們最終沒有在一起。前幾天他在臉書官宣了新戀情，還是讓我的心有點酸。

我講著講著就哭了，姐姐問我為什麼哭？

我說：「因為他對我很好啊，畢竟我也不是鐵石心腸，七年的感情，兩個人往不同的方向前進，好像真的結束了。」

姐姐問：「他對妳好？他怎麼對妳好？」

我說：「以前談戀愛的時候，他會每天買早餐給我吃，他也有車，有時候我想偷懶的時候或者晚回家，他都會開車接送。」

姐姐聽完笑了，她對我說：「他對妳的好，是因為他什麼都沒有，他只能對妳好。妳喜歡吃他買的早餐，喜歡坐他的車嗎？妳是真的喜歡他的服務，還是妳只是沒體驗過別人的服務，所以覺得他對妳好？」

這些話讓我很震撼，霎那間彷彿懂了什麼。

接下來姐姐快速上下打量了我，然後說：「妳的條件是不錯啦，但就是皮膚差了一點，有些痘疤，去雷射多保養會更好。」

這句話比上面那句話更讓我震撼。那幾年姐姐帶我進入了另一個世界，她教我梳妝打扮、醫美保養，介紹很多經濟條件不錯的男人讓我認識。

那幾年，我過得很滋潤，常常有不同的男人請客吃好料。新進公司的女業務曾經八卦過我的事情，為什麼薪水不高還能常常吃這些高檔餐廳，而且每次發 Facebook 的照片從來看不到男人的臉，她們懷疑我是不是在外面做什麼見不得人的勾當，是不是私生活很亂？

我有次在公司的茶水間又聽到她們的竊竊私語，決定直接了當地和她們攤牌，我也是花了很多時間精力把自己打扮得漂漂亮亮，讓那些男人和我約會的時候有面子啊，有本事當面跟我說，不要在背後說三道四，這樣很沒品。

原本以為只是兩年的時間，一轉眼十幾年過去了。

這幾年我不是沒交男朋友，只是變得很謹慎，可以交朋友、可以搞曖昧，心情好的時候也可以和曖昧對象上床，滿足彼此的生理需求，但真正要踏入一段穩定的關係卻變得沒那麼容易。

在臺北的時間，我大概談了五次戀愛，這些戀愛的時間長達兩、三年，短則兩、三個月。越到後面我似乎沒有那麼從容了，尤其是同事姐姐告訴我：「妳年紀也不小了，還要玩幾年，還覺得自己可以玩幾年！」

我有些著急，開始參加一些相親的局，也遇見一個不錯的對象。他年紀比我大六歲，雖然離過婚，但在外商銀行上班，有房有車，感覺是個不錯的對象。我甚至還把他帶回家給爸媽看。他們嘴巴上說，我喜歡就好，我知道他們心中還是屬意阿明。

阿明現在單身，還常常來我們家串門子，也問過我的近況。我爸媽說，阿明老實、單純，這幾年也接手了家裡的修車廠，事業也很穩定。

可是，我和阿明都分開那麼多年了，如果我選擇回來，那這幾年在臺北的日子不就白費了，這個小鎮的人會不會在背地裡嘲笑我，最後也沒有混出什麼名堂，還不是選擇回老家嫁人了事。

我根本不敢多想這些人多口雜的是是非非，光是口水就會把我淹死了吧。

既然已經有了新對象，那就和外商公司的他在一起就好了吧，我不是將就，我只是做出了選擇。

然而，這世界就是計畫趕不上變化，回臺北沒多久，對方的前妻出現了，他們幾乎是以迅雷不及掩耳的速度復合了，但這也沒有讓我太難過，如果真的要說難過，可能只是自己越來越不相信愛情了吧。

我把失戀的事告訴鄉下的爸媽，他們勸了幾句讓我看開點就沒說什麼了。

沒想到，那個週末阿明居然出現了。他說他等我很久，他說他很想我，他說，我變漂亮了，變得很像「臺北人」，不是以前黑黑瘦瘦的樣子了。

我不知道該怎麼面對他，那天晚上我和幾個朋友約了KTV喝酒聚餐，我把阿明放在家裡也不是，讓他一個人在外面也怪怪的，於是，我把他拉著一起去唱歌了。

那天晚上，我身邊的朋友都在問我這個傻大個是誰，我又多喝了幾杯酒，突然眼淚止不住地往下流。我哭了很久，朋友們七嘴八舌地安慰我，姐姐推了推阿明指了指桌上的衛生紙，阿明露出尷尬又靦腆的笑容，他沒有安慰我，坐在我旁邊，默默地把衛生紙拿給我。

我突然情緒失控地對他說：「你幹嘛喜歡我這麼久，我又不喜歡你，你等也沒有用，我不會跟你回去。」

阿明在我的耳邊輕輕說了幾句話，那些話讓我腦海裡突然再次浮現，當年剛上臺北時姐姐問我的那些話。

「他對妳的好，是因為他什麼都沒有，他只能對妳好。妳喜歡吃他買的早餐，喜歡坐他的車嗎？妳是真的喜歡他

的服務，還是妳只是沒體驗過別人的服務，所以覺得他對妳好？」

我想我這次知道答案了。

那天晚上，阿明照顧了我一整夜，他一直都沒變，一樣的溫柔，一樣的死心眼，也許是酒精的催化吧，我脫口而出：「你還願意娶我嘛？」

他瘋狂地點頭，笑得像個孩子，我也被他的笑容感染，沒想到我的第一個男人也成為了我最後一個男人。

第二天一早，我傳了抱歉的訊息給身旁的幾個朋友們，也順便通知他們，我要回鄉下和阿明結婚相夫教子了。

朋友們的群組訊息炸開了鍋，但內容都還算是祝福的，不曉得老家的那群三姑六婆會怎麼說，我大概都能想到，她們會說我選擇阿明，是因為年紀大了，再不嫁行情也不好了，還不如選擇阿明這個老實人，才不會到最後什麼也沒有。

我把心中的擔憂告訴阿明，阿明回了我一句：「妳是跟我結婚還是跟她們那群三姑六婆結婚？我不覺得就好了吧。」

我決定回家了，花了十幾年的時間，一直想在臺北闖出一

片天，但這裡再也沒有讓我留戀的東西了。

短短的幾個月，我和阿明拍了結婚照、寄了喜帖，在鄉下擺流水席宴客。來參加的大部分都是鎮上的人，只有一桌是我臺北的朋友們。

朋友們好奇我為什麼會回老家和阿明結婚，其實，我自己也覺得這個決定很瘋狂。畢竟，選擇和一個人共度一生需要莫大的勇氣，尤其這個決定甚至是我曾經否定過的。

兜兜轉轉，很實在地講就是，別再問怎麼釋懷了，問問自己，你想要怎樣的人生？你有往那個方向前進嗎？我已經夠勇敢和幸運了，追夢了半天，現在我想要的不一樣了，也有一個願意等待我的人存在，我不希望再用遺憾、消失和等待來證明一段感情的珍貴。

以前的我，總是花光了力量和快樂去喜歡，現在的我終於懂了，要從喜歡那裡去得到力量和快樂。

女人的一輩子會被貼上很多標籤，單身太久叫做敗犬，嫁給有錢人會被認爲敗金，找一個比自己年輕的會被認爲憑什麼，我們似乎做什麼選擇別人都會有話說。

　　可是，我漸漸懂了，如果有一個人能給你安心的感覺，好好珍惜他，他本沒有義務這麼做，是因爲愛你、在乎你才這麼做。

　　這次是我做出了選擇，我選擇了阿明，我選擇了結婚，我選擇了回到家人的身邊，我選擇了相夫教子。

　　婚後，我和阿明生了兩個可愛的女兒，柴米油鹽醬醋茶，生活的甜蜜負擔讓我忙得快樂，雖然不像以前那樣有很多自己的時間，有一句話：「生命要浪費在美好的事物上，體重一定要浪費在美味的食物上，愛情一定要浪費在你愛的人身上。」

　　我看著隔壁桌忙著自拍的女孩和負責買單的男人，再看看

我對面的那個男人，我突然很佩服當年有勇氣結婚，為了幸福做出決定的自己。

在很多人的眼裡，我是個有過去的女人，即使阿明選擇和我在一起，我仍然有一度是自卑的，我會在意身旁的目光，在意阿明心裡會不會介意，有很多不知所謂的悲觀想法，對我的心態產生了不良的影響。

我總會問自己這樣愛他是不是錯了，他是不是值得更好的？但阿明總是努力讓我開心自在，努力地讓我知道，因為我的選擇他很快樂。

這幾年下來，我們還是願意去了解對方，進而發現對方的閃光點，他溫暖了我的心，我也讓他明白我的真心和誠意。我想讓阿明知道，我願意和他一起共同奮鬥，有了一樣的目標，兩人都願意付出，彼此都對未來樂觀起來，這大概就是愛情吧。

人無完人，人也都會改變，那就為值得的人付出，讓彼此變得更好吧。

這四條價值觀，幫你成為一個溫柔又堅定的人

人生不是一道選擇題，而是一道沒有正確答案的簡答題。

我們不用總是問自己的選擇是否正確，這世界沒有所謂的正確選擇，我們需要的是努力讓當初的選擇變得正確。

愛情不要只認死道理，人要懂得變通，關於戀愛可以浪漫主義，至於婚姻大事，還是有更多現實的層面需要考量，在這裡分享四條價值觀，或許會對你有些幫助。

1. 你可以嫁給有錢人，但不是誰有錢都可以嫁

很多時候，你以為的幸運和餽贈，其實早已經暗中

標好了價格。希望所有的女孩都能記住，無論妳將來和誰在一起，都不要失去獨立自主的能力。

2. 婚姻不是幸福的捷徑，學習才是你的籌碼

多讀書是為了塑造你的品格、豐富你的精神。讓你將來在遇到喜歡的人時，能有「你很好但我也不差」的自信，而當我們見多了世界的悲歡離合，被傷透心的時候，才能擁有及時止損的勇氣。

3. 看人不能只看外貌和家世，更要看彼此的價值觀合不合

人與人之間是越相處越清楚，你們需要經過一些事才能知道彼此適不適合。一段關係裡，如果總是在勉強也挺沒意思的。談戀愛的時候，不要為了他的外在條件和經濟能力而留下，重要的是，那個人要有能與你並肩同行的價值觀，這樣才能走得長遠。

4. 沒有任何的愛值得你委曲求全

世界上所有的愛情都必須是相互和對等，放下身段地倒貼，只會換來索求無度；卑躬屈膝地討好，只會換來狠心辜負。你永遠無法感動一個不愛你的人，最重要的是珍愛自己

愛的感悟

喜歡一定要在一起嗎？現在我的答案是否定的

曾有人問過我，喜歡就一定要在一起嗎？

如果這句話放在我二十來歲的時候，答案是肯定的。我會回答，喜歡就應該在一起啊，如果沒有在一起，只是不夠愛罷了。

現在回想當年的想法，真的是好傻好天真。

長大以後，我終於明白，喜歡、合適、在一起、結婚，完全就是四件事。

在愛情裡我們總是低估了現實，高估了自己。

而我是從什麼時候明白這個道理的呢？

當你奮不顧身地愛上一個人，卻換來半輩子遺憾的時候，就會明白，愛情和在一起沒有多大關係。如果愛可以排除萬難，世界就不會有那麼多的遺憾了。

當我們能在最好的年紀，與想愛的人，相遇、相知、相惜，和他渡過一段難以忘懷的日子，就已經比世界上百分之九十的人幸運了。

11

再見了，
我的寶貝

主角背景：H ／ 30歲 ／ 服務業

一段感情從開始到結束需要多久呢？

有些人是好幾年，而對我這次的戀情來說，是半年。我剛結束一段六個月的跨國遠距離戀情，在機場看著他的離去，我有點遺憾，但比起遺憾，我更不希望遠距離。對他來說，結束是因為價值觀，但理由已經不重要了，重點是我們都想結束了。

機場入關時，我看著隔壁排隊的小情侶哭哭啼啼，一別三

回頭的樣子，能夠為情愛之類的事掉眼淚，說明他們的小日子還是過得不錯的。

反觀我和他，或許是因為都邁入三十了，成熟了吧，兩個人沒有哭，沒有不捨。可能當初這段充滿荷爾蒙味道的愛情就是這樣，來得快，去得也快！

我們認識是我主動用交友 App 敲他的，那時候他來新加坡旅行，我們一起渡過了一個美好的夜晚。第一次見面的時候，如果眼睛能開口說話，那麼我想初識那天，我們已經用一來一往的眼神，洋洋灑灑幾百字交流完畢。

我們有很多的共同點，喜歡聽一樣的音樂，家裡的環境也差不多，我承認喜歡他比想像中的還多，但也沒到告白的程度，沒想到認識還不到一個月，他就希望我和他告白。

這與我本來的想法很不同，我對他說，我習慣認識三、五個月，認清彼此個性，以及確認不只是因為新鮮感和興奮感

之後，才考慮在一起。

他說自己剛剛結束一段五年的複雜感情，那次的痛就是因為沒有表達清楚彼此的關係是什麼。

他的這番話讓我頓時壓力山大，除了有被比較的感覺，也跟我原本談戀愛的方式不一樣。雖然後來決定，既然他想要我告白，我也滿喜歡他的，那就告白吧；可是心裡又偷偷想，這個人到底是有多缺愛，這樣在一起會不會很累？

愛情剛開始萌芽的時候是最甜蜜的，你會願意花心思在他的身上。

認識之初，我想表達對他的愛，分離不過三天，就偷偷從新加坡飛回臺灣找他；也在他第二個月飛來新加坡找我的時候，花了一點小心思，帶他到一家酒吧，送了一束花給他，並對他告白了。

看到他感動到眼眶都濕了，我也很開心，然後我們到了碼頭的長堤散步，請路人記錄下我們兩個人最純粹的笑容。

他年紀比我大，經歷得比我多，錢也賺得比我多。本以為有錢能解決大部分的問題，沒想到錢本身就是最大的問題。

和他交往以後，有一天我在工作的地方看了一下信用卡的消費紀錄，向同事們抱怨最近花太兇了。

十一月到臺北找他就花了近萬元，那時候我們又約定一月份到峇里島玩，機票和住宿都訂好了，卡都要刷爆了！

同事們把我笑了一頓，說：「你這是在放閃嗎？我也好想有個人跟我一起去臺北、去峇里島玩。」

我立刻坐直身體抗議：「拜託，我下個月的信用卡帳單還不知道怎麼辦呢！」

同事翻了一個白眼：「那還有空躲在這裡偷懶啊！」

我一聽心裡覺得委屈，但二話不說就昂首闊步地衝了出去，回到工作崗位。或許就是因為工作太輕鬆了，才會滿腦子都是錦上添花的愛情吧。

當晚，我向他抱怨同事們對我的奚落，他卻很認真地提出要借我錢讓我應急。我知道他是好意，也知道他錢賺得比我多，但我不想讓我們的關係扯上錢，這樣會變得很複雜。

他表現得無所謂，好像我不接受他就會生氣，不把他當作自己人，我只好接受他的好意，跟他借了兩萬臺幣，並且保

證兩個月後一定會還給他。雖然我沒有做到，也知道問題在我身上，是我不會控制慾望，但如果沒有在一起，我或許就不會有那麼多開銷了吧。

對他來說可能不多，但對我來說，這些因為遠距離交往而產生的開銷，是一種壓力。

時間過得很快，聖誕節我們又見了一面，跨年我們一起到了峇里島旅行。

我們一起爬火山，享受峇里島的碧海藍天，再加上我選了一家很喜歡的villa，配有私人泳池，一切都很美好。只是老天注定要給我們考驗吧，峇里島旅行的最後兩天，我們都吃壞肚子，上吐下瀉，實在是痛苦到不行。

他那天晚上拉了很多次，感覺都快脫水了，他請我打電話讓飯店送瓶水進來。

平常當然沒有什麼問題，但那次我也很不舒服，如果想跟

那些錯過，但不遺憾的人

飯店櫃檯拿水，為什麼不自己打電話呢？

於是，我癱倒在床上有氣無力地說，你自己打吧，我好不舒服。他聽完有點錯愕，畢竟電話就在我隔壁，但我還是想說，我也不舒服啊。

後來他打了電話給飯店的櫃檯拿了水，我能感受到他的失望，但不舒服的人不是只有他呀。

這件事在他的心裡可能會有疙瘩，所以後來我特地傳了一封簡訊給他，表達歉意。畢竟，我還是在乎他的感受。

那麼，愛到底是什麼時候消失的呢？我覺得就是因為距離吧。沒事別隨便嘗試遠距離戀愛，相愛的人肯定希望每天都有對方的陪伴，感情需要細心呵護。

遠距離會增加許多不必要的麻煩，時間、陪伴都有阻礙。

原本我預計過完農曆新年後回臺灣工作，結束這段遠距離的關係，同時也承擔起家裡的責任。

那時候，我們過年假期見了一面，我又告訴他，情人節會回臺灣去看他。

那次以後就出問題了。

來回奔波，我也有點累，想跟他聊聊，但不想影響他的工作，告訴他希望可以等他下班的時候再聊。

我只是想撒個嬌，讓他知道我為了他也要犧牲好多，但可能是表達得不好，他居然覺得我是不是不回去了?! 我沒有回覆他，畢竟機票都買了，怎麼可能不回去？我只是想告訴他，我為了要在情人節回去看他，得跟同事掉班，其實感情也需要考慮一些現實的層面。

等到工作結束後，我覺得這些情緒我應該要自己承擔吧，於是我跟他說，沒事了。

他居然炸了，告訴我，「之前那個」很常這樣對他。

我又不是之前那個，他這麼說讓我很受傷，而且我也很在意他說，「你最後『輕描淡寫』的一句話沒事了。」

我沒有輕描淡寫啊，我是怕影響到他的心情，所以不敢多說罷了。

我承認這件事確實是處理得不太好，但我一向不是一個很會表達的人，我以為他懂我的，只是他還是再跟我談自己是個缺乏安全感的人，我這樣做會讓他沒安全感。

可能抖音會偷聽我們講話吧，好死不死跳出一句「安全感要自己給」，而我又好死不死地把這句話傳給他看。

他好像真的生氣了，我覺得好累，那種沒有人懂我的心情又出現了。我以為他會不一樣，但好像也跟其他人一樣。

我真心覺得表錯情，想要討個拍卻被教育了一番。

我告訴他，我好累，工作時間不穩定，好想消失，到一個沒有人找得到我的地方。

他安慰我，再兩個月就回臺灣了。

而我不敢說的是，我原本的工作沒做滿一年，提前離職會被罰好多錢，我不想被罰錢，再加上這好像又是一個可以留在新加坡的理由……

情人節回臺灣那次，他真的用心了，帶我去泡溫泉，找了朋友陪伴我，讓我好好放鬆。

他在期待我的回來，我也真的不喜歡遠距離，可是我根本沒有下定決心回臺灣，甚至有點慶幸工作未滿一年會被罰錢這件事，這讓我多了一個理由可以晚一點做決定。

從二到四月，我們不再像以前那樣，你飛過來我飛回去，

畢竟我的假用得差不多了，口袋也不夠深。

而他工作也忙，可能忙碌就像一個藉口吧，我們漸漸地少了聯絡，逃避現實的壓力。

我終於在三月的時候告訴他，我可能不會回去臺灣了，我也好奇如果我留在新加坡，他會怎麼做呢？我告訴他，距離會是一個決定我們會不會在一起的因素，但他的回覆也讓我有了另一番思考：

> **兩個人會不會在一起，距離不是絕對的因素。而是有沒有一樣的目標，能不能一起成長，如果能，那麼距離就不是挑戰。**

他告訴我，希望五月份的時候來找我。這讓我壓力很大，我還沒有還他借我的錢，我也知道不會那麼快回去了，他雖然說要陪我等，但等什麼呢？這不就是彼此拖著嗎？就算他來陪我三、五天，還是不能改變我們之間幾千公里的距離，

連飛機都要飛四、五個小時才能見到彼此。

即使他想陪我，但現在的我，連自己想要什麼都不知道，還談什麼目標、成長。

我知道他很好，爲了我的不成熟承擔了很多，以我對他的了解，我知道，他說要來找我他就一定會來。他也講得很明白，那時候是他的生日。

我心中還有一個無奈的想法，他不是來陪我，是希望我能陪他。我能感受到，他或許是希望做點什麼，證明我們的關係沒有改變吧。但，我們之間的關係眞的沒有改變嗎？

他來找我之前，我去了一趟泰國找朋友。那幾天好輕鬆，我可以做想做的所有事，得到眞正想要的「自由」，即便這個自由很短，但我好懷念這種不需要對任何人負責的感覺。

快樂時光總是很短暫的，在等待返航的時候，我跟他說，泰國好開心，讓我好放鬆，我喜歡這種感覺。

他說，很好啊，接下來他要來找我了，我們可以分享最近生活的大小事。

我一聽到這句話就頭大，我還是想到，他不是來陪我的，

是希望我能陪他。

我跟他說：「好想再去泰國。」

他說：「好啊，我們可以一起去啊，等你八月生日的時候，我們一起去。」

「我比較喜歡一個人的旅行。」不知道為什麼，我突然說出一句：「我想問你可不可以改期？」

我知道這句話說出口很傷人，但我也有壓力啊，即使他嘴巴上說，他只是想來跟我吃飯、聊天、看電影，但我就不是這樣的個性啊，我還是會替他規劃和安排時間給他。

我知道他聽完我的話心情一定很差，但我沒想到他告訴我，這番話讓他感覺我沒有想繼續這段感情了，他會取消與我的會面，讓我把他之前代墊的信用卡費還給他，未來各自安好。

最好是，怎麼可能。他就是口是心非啊，而且我真的只是說說而已，畢竟我才剛回來，怎麼可能再去泰國呢？

我覺得自己又被他誤會了，明明只是一句感嘆的話，但卻又被認為不尊重他不珍惜他。

我沒有這樣想，雖然我說的話可能不好聽，但我們都有各自的生活習慣，我也有自己的心理壓力，我好累，這樣下去彼此都好累。

這次他來，我還是會做我該做的事，但我也想要結束了。

畢竟提出結束的是他，我就算仍對他有感覺，但是他提出來了，我也開始思考這個可能了。

他來的這五天，感覺真的不一樣了，我要做回我自己，把自己的感受放在前面，我沒有像以前一樣撒嬌抱抱，主動牽起他的手。

但該做的還是有做，我找朋友陪我們吃飯，我帶他去他沒去過的地方旅行，我知道他想要的是什麼，但我想讓他認清自己的口是心非。

你想要的，不是來陪我。而是想要我陪你，你說想要感受我平常的生活方式，不必特別做些什麼，那這就是我平常的

生活方式，這是你真的想要的嗎？

我的舉動太明顯了，可能讓他很受傷吧。

在他回去的最後一個晚上，他想和我好好聊聊，他說想了解我的想法，他願意等我到十月，再看看彼此是不是有一樣的目標。

我不太明白這樣的意義是什麼？

如果問我，結束就結束吧，等到十月又有什麼用？反正以後也沒有什麼見面的機會了，既然這是他想要的，那我就尊重他的做法吧。

他說在最後的晚上想和我去吃飯、看電影，我雖然要忙著回家洗衣服，做家務，但我還是同意了。

吃飯的時候，他說他來是希望我幫他過生日，畢竟他的生日就快到了，我沒有忘記，但我沒心了。於是，我笑著對他說，我知道啊，你想買蛋糕，隔壁有賣。

看電影的期間，他主動牽我的手，我也覺得無所謂，雖然有點傷感，我也會懷念當初那種牽手就心動的感覺，但現在既然是你提出要結束了，去想那些也都沒必要了吧。

電影結束後，他又再次問我，真的沒有要陪他回飯店嗎？

我說，我比較喜歡一個人睡。

我覺得吧，雖然結束是他提的，但他這個人有個問題，容易心軟、容易感情用事，喜歡把自己想要的，說成是為別人著想。

放狠話誰不會，而我比較不會說話，但會用行動來表達，我也想結束了。

最後一天，我告訴他會送他到機場，因為對我來說這是基本的尊重和禮貌，畢竟朋友來玩嘛。但我只做我想做的，而不是滿足他對我的期待。

抵達機場後，我們吃了頓飯，他說，第一次看電影的時候，我有主動把頭靠在他的肩膀上，讓他有親密的感覺，昨晚看電影我們雖然有牽手，但我沒有主動靠在他的肩膀，他能感受到我的感情淡了，沒那麼愛了。

再加上，我也沒打算替他過生日，他認為沒必要再拖了，該結束就結束吧，沒必要拖到十月。

說完以後，他又聊到幫我代墊的卡費該如何償還的事。這

些都是他的決定和感受，他真的有在乎過我的決定以及感受嗎？

以我的個性，錢我是一定會還的，但可能會拖一陣子吧，畢竟最近手頭緊，他講過很多次我愛亂買東西，明明沒有錢還買演唱會的票、花小錢買東買西。這點我承認，但這是我的人生，我可以選擇舒服的方式過。

吃完飯後，我送他出關，也就是我開頭說的那一幕，我剛剛結束了一段六個月的遠距離跨國戀情。

他最後用IG的摯友功能傳了一段只有我能看到的話，這也是他第一次用這個功能和我說話。

「再見了，我的寶貝，這六個月我快樂過，也遇到了一個很可愛的人，喜歡一樣的音樂，一起去旅行，我也有感受到你曾經把我放在心裡很重要的位置，慢慢地我們的感覺有些改變，但我依然謝謝你曾經給過我的愛。我的寶貝，保重。」

他配了一張背後是飛機的照片，大概是要登機了吧。

結束一段感情，說不難過都是假的，他是真的要離開我

了，我努力不讓眼淚往下流，我也知道生活會有所不同，但我需要花時間去釐清自己想要的，而這個想要的，我知道不是他。

我當然還是希望他能好好照顧自己，不要那麼迷糊，真誠地面對自己想要的，開心地過好每一天。

再見了，我曾經的寶貝。

愛情從開始到結束需要多久呢？一輩子還是一瞬間？這六個月讓我學到了很多。

我想要的到底是什麼？成熟到底是什麼？

結束前，我們聊了很多，包含了什麼是成熟？

對我來說，成熟是不怕表達內心的想法，讓別人知道你的心情。

對他來說，成熟是可以包容別人。

我真的不懂他在想什麼，為什麼成熟就要口是心非呢？為

什麼不能真誠地面對自己的內心感受呢？兩個人之間真正良好的溝通方式，應該要能夠承認自己的不開心，但講開就沒事了。

有些敏感的人無法直接表達，而是找一些冠冕堂皇的理由，企圖說服自己和別人，一次兩次也就罷了，但久了雙方都會累，無時無刻都要猜測「這真的是你想要的嗎？」，就會想要放棄溝通了。

當你們有一樣的目標時，遠距離不恐怖，恐怖的是，人的目標常會改變。一旦改變了，遠距離就會變成愛情殺手，很少有一段炙熱的愛情能夠扛得住。

愛情是一種很玄的東西，一個人到底愛不愛你，你得用心去感受，而不是只有一套普羅大眾的標準。

我覺得我不是不愛他，只是沒有按照他的期待去愛而已。

後來，我和朋友們聊起這段感情，他嘆了一口氣，說：「好可惜啊，聽起來他對你很好啊，飛來看你很多次，買了很多禮物給你，還借你錢。」

「可惜什麼？」

「可惜你以後再也遇不到對你那麼好的人了吧。」

我甩了甩頭，灑脫地說：「我覺得我們以後都會過得不錯吧。」

「哦？」

「因為經歷過這次，我們沒有哭哭啼啼地分開，他知道自己是值得被愛的，我知道我想要的是什麼。錢不是我主動開口的，是他硬要借給我的，我也會還他啊。」

「什麼時候還？」

「重點不是在這個，是在我不想要遠距離的感情。」

「你也太……」

「太怎麼樣？」我打斷朋友的話，「太無情嗎？這也不是無情，只是我們都有自己想要的方向，也不可能為彼此改變人生的軌跡。所以長痛不如短痛，至少我們快樂過吧。」

我們只是清楚知道自己想要的是什麼。

我想起他離開時發給我的照片，還有所說的話，「價值觀的不同」。那張背景是飛機的照片，他明明在笑，眼神卻透著一絲沒落。

是啊，長河漫漫，我們曾是彼此的伴，但到後來無話可說，與其讓感情一天天地耗盡，還不如一開始就放過彼此。

　　「你覺得我錯了嗎？」

　　「你開心就好。」朋友頓了頓然後說：「你們都沒有錯，只是有一點意難平。」

　　可惜愛情如此美好，終在煙火裡散場。

　　那些錯過，但不遺憾的人

愛的感悟

熱戀期後，如何經營好一段感情？

百分之九十的情侶，戀愛六個月後，都會發生下面的問題，新鮮感降低，話題減少、交流變少，發現彼此的生活習慣、價值觀不同，開始互相挑毛病。

其實真正的關係是從愛情變淡的那一刻開始的。我們往往會因為新鮮感耗盡或者瑣碎的小事就分開，可是久而久之，往後碰上的所有的人，都逃不開新鮮感和磨合期的循環。

如果想要談一段關係長久的戀愛，一定要學會解決問題，而不是不行就換，去解決對方。

因此，當你發現你們的關係開始失去新鮮感了，可以嘗試這樣做。

第一，不要因為沒有新鮮感了，就忽略對方的心情

定期溝通，了解彼此的過去、童年經歷，而不是只說一些，你在幹嘛、吃飽沒，這些淺層的話題。深入了解對方，透過交流，會更了解對方的觀念和處世方式，以及未來的目標，如此才有機會一起走下去。

第二，當對方無法滿足你的期待時，不要用暴力的方式溝通

冷戰、諷刺的話、情緒勒索……這會讓彼此無力和焦慮，讓對方開啟防衛機制，失去事實的判斷能力。而且透過攻擊他人替自己開脫，這不是在溝通，而是找碴。

第三，別把對方當成生活重心，要有自己的愛好

當你太依賴對方會變成壓力。除了戀人，你的生命

中還有很多值得關心的人事物，擴大自己的生活圈，替自己找新鮮感，給彼此多一點的信任，讓彼此有空間各自發展興趣，愛情才會更加的牢固。

　　每段關係的倦怠都有其特殊性，例如，信任不足，床上不協調等等。如果關係已經很平淡，甚至到冷漠的程度，越早定位核心的問題，越早能夠解決。

　　不要天真地認為敢愛敢恨，就能收穫完美的愛情，愛情的本質也是一種人際關係，需要成熟的心智和正確的溝通方式，還有願意磨合的兩個人才能走得長久。

如何談一段有結果的戀愛？

如果你想談一段有結果的戀愛，一定要好好聽聽，以下三個建議。

第一，愛情不要長跑太久

戀愛長跑確實很感人，但我也看過太多無疾而終的愛情長跑，他們不是沒有感情，而是當兩個人困在一段關係裡，卻沒有實質進展，那麼最終散的機率會遠遠大於合。人生只有一次，不要因為捨不得就把自己困在痛苦裡。

第二，不要輕易嘗試遠距離

很愛的人肯定想每天都有對方的陪伴，感情需要細

心呵護，遠距離會增加許多不必要的麻煩，時間、陪伴都有阻礙。

當你們有一樣的目標時，異地戀不恐怖，恐怖的是，人的目標常會改變。一旦改變了，遠距離就會變成愛情殺手，很少有一段炙熱的愛情能夠扛得住。

第三，不要試圖去磨合匹配度低於百分之五十的人

現代人太忙了，沒空與戀人磨合，你有你的工作、生活、社交，你也很難去改變一個跟你價值觀不同的人，所以現代人在選擇愛情時不做磨合，只做篩選。媒合後找到一個適合你的，比與另一個人磨合來得簡單多了。

如果想談一段有結果的戀愛，你必須明白，分開也是愛情的一種結果，所以即使沒有走到最後，但在這段關係裡，你曾快樂過、成長過，那就不枉此生了。

12

明智的放棄勝過盲目的執著

主角背景：L ／ 37歲 ／ 文創業

　　有人問我，要怎麼樣才能和平分手？我說，分手是不可能和平的，除非你們剛好都不愛了，但偏偏愛情這東西，到最後往往是一個人想掙脫，另一人想苟延殘喘地繼續下去。

　　自從在網路上分享愛情的感觸之後，時常有網友會私訊我談感情問題，我都跟他們說一段關係裡面，要顧慮的東西太多了，不是只有風花雪月的愛情，還有很多現實的問題。

　　可能有些人會覺得我很現實，還有人說我把錢看得太重。其實，這些爭辯的人不是不懂，只是裝睡的人叫不醒。這

　那些錯過，但不遺憾的人

時候我都會沉默，畢竟凡事不能強求，每個人都有各自的緣分，他們選擇的方式也不見得是錯，只是不是我選擇的方式罷了。

人生不是只有一種活法，把握好自己能掌握的，金錢也罷，緣分也罷，隨遇而安吧。

這幾年我最深的感慨是人生一定會有遺憾的，而我們能做的就是無愧於心就好。大概是因為如此，身邊幾個比較熟悉的朋友都說我變得從容了。

這半年，我結束了兩段感情。第一次是我被放下，第二次是我選擇放下。

兩次的經歷就像心情洗了一次三溫暖，一下冷、一下熱，交替循環。

第一次我傷心了六個多月，明明知道人家沒有那麼愛我，雙方的關係剪不斷理還亂，但我就是不想放、不想忘。

我用了好多的方法維繫兩人的關係，例如投入更多的金錢，還一度幻想我們都放下身邊的一切瑣事，到國外坐郵輪兩個月環遊世界。

我願意投入幾十萬打造兩人世界，創造更多美好的未來，這樣一來，所有俗世間愛與不愛的問題，就會迎刃而解吧。身邊的朋友都笑我傻，別再把自己辛苦賺來的錢，投入到一個不值得的人身上。

偏偏在你還沒有付出以前，你沒有辦法確認那個人是否值得，對吧？我固執地用很多的理由去說服自己，也費心地替對方找理由。

關於我說的郵輪之旅，可不是說說而已，我查了行程、價格，排出時間，還讓對方不要擔心錢的問題，只需要排出時間，一起去旅行就好。

我一再降低底線，把自己擺在很低的位置，但最終還是結束得一塌糊塗。

事情總在事過境遷之後才會越來越清晰，當初有太多自己的一廂情願，清醒以後再回顧，連我都不了解當時為什麼會

那麼委曲求全，甚至到不堪的地步。

後來我開始懂了，這代表我愛過、我付出過，即便對方沒有一樣的心思，即便他巧舌如簧，讓你自己去找問題的原因。然而一切的問題根源就是他沒有那麼愛你，但你又給了太多，讓他也沒辦法灑脫地說再見，於是就成了一個僵局。

那時候，我總是假裝灑脫地讓對方來做選擇，讓他選擇要不要離開，然後我會在天秤的另一端放越來越多的誘惑，更多的自由、更好的金錢補償……等。但這些籌碼對我來說也是壓力，尤其當他在選擇的時候，我會患得患失，把一切情緒交付到對方的手上。

因為，我內心真正想讓對方做出的，是我想要的選擇。

當對方做出選擇的時候，我根本無法理解和接受對方為什麼沒有選擇我想要的方向。畢竟，我放在天秤另一端的東西，是對我來說很重要的東西，在那一刻我才發現，原來那些東西在對方的眼裡可能沒有價值。

兩個人的價值觀漸行漸遠的時候，真的會很痛，尤其在你投入的心力越多越純粹的時候，要抽離真的很難，但這樣反

覆的測試更難。

　　愛彷彿變成了一把刀子，把心割成碎片，再也拼湊不起來。

　　人生到底有沒有和平分手的可能？有沒有可能，分手以後換來一個好朋友，而不是一個老死不相往來的人？

　　我想，當彼此的規劃沒有對方的時候，是不是和平分手也沒有那麼重要了。重要的是，你需要花多少時間把你受傷的心再次拼湊起來，然後勇敢地再去愛一次。

　　不曉得你是不是和我一樣，結束一段感情的時候，會很習慣地自責──是不是自己哪裡做得不夠好？當初要是可以再有耐心一點，要是可以做另外一個選擇，會不會有不一樣的結局？

懂得自省是療傷的第一步，但你必須了解，一段關係的結束不是你一個人的錯。愛過就是愛過了，愛錯也是愛錯了。人生沒有回頭路，你只能努力地好好走完以後。

我常常會建議私訊的網友，結束一段關係就做一個情緒撲滿。難過的時候就存五十塊，想念的時候也存五十塊錢。聽到這個建議，有些人會吐槽，不是不愛，不是不想走出來，是他根本沒有錢。

其實你的錢沒有減少，只是換了一個位置罷了，從原本在你的銀行戶頭裡，變成到了你的小豬撲滿裡。

錢不是情緒撲滿的重點，而是用量化的方式讓自己實際了解，你的想念、難過、不安和眼淚都是有代價的。那個代價可能是錢，可能是時間，可能是會讓你傷讓你痛的某個東西。

有些人很可愛，他們會和我分享情緒撲滿最後變成的東西。

有人會買相機替自己留下更多更美好的紀念，也有人會試著存夠九十九個小豬撲滿讓自己不再想念。還有人會買一張機票出國旅行散心。

好吧，我承認那個買機票出國旅行散心的人就是我自己。

原本我計畫的郵輪之旅沒有成行，但在朋友的勸慰之下，我決定和他們一起出國旅行散散心。也在這次的旅行，我抽出了時間去梳理凌亂的思緒，試著讓自己的生活有一些改變，然後，我遇到了新的緣分。

雖然是遠距離，剛開始一段緣分的時候，我們快樂得就像個孩子，但離開的時候沒心沒肺的感覺也像個孩子。

雖然這段感情維持得不長，卻讓我有很深的感觸。我學著不掉眼淚，學著自己去做決定，不再把選擇的權利交到別人的手上。

這段感情輸給了距離，輸給了價值觀的不同，我們知道彼此的人生選擇不一樣，他本來打算要回到臺灣生活，但經過了六個月後，他釐清了自己的想法，他真正想要的是留在異

鄉打拚，而我也不太可能放下臺灣的一切，到他的城市與他生活。

於是，相處就變成了一種壓力，我沒辦法給他想要的生活，有個人在身邊，陪著他吃飯、買東西、做他想做的事情，一些日常的幸福我都沒辦法給他，而他對於人生的追求也和我不一樣。

剛開始的時候，我們幾乎是一個月見一次面，但新鮮感過去以後，人生很多的現實面開始浮現，在規劃未來的時候分歧越來越多，磨掉了我們的愛。

最後一次見面是我生日前幾天，那時候我心裡還有一些不切實際的幻想，可能是生日的時候不想單身一個人，可能是不想再次面對一段感情的結束，畢竟好像還沒努力過就結束有點可惜。

於是，我在離開他的城市的前一天，問他有沒有想過我們接下來的關係，有沒有要再繼續？我也提出再努力半年的想法，他雖然嘴巴上同意，但行動上並沒有配合。

那天晚上，我問他：「你覺得呢？我們該做些什麼呢？」

他回了我一句：「你不是都已經決定了嗎？」

我瞬間明白，這是我的決定，他只是被動地配合我的決定，卻不一定是他真正想要的，那我又何必自欺欺人呢？

我帶著一點倔強說：「這不是我們的決定嗎？如果你覺得這是我一個人的決定，其實我也可以配合你的決定。」

他說好吧，晚點再和我說他的決定。

當天晚上，我突然覺得自己又重蹈覆轍了，又把決定的權力放在別人的手上。

那天晚上一夜無眠，我也有權力說結束。拖著也沒意思，就算生日那天他陪我一起過，但一個已經不愛你的情人又有什麼意思？

第二天，從飯店到機場一路無言，抵達機場後，處理完所有的瑣事，我們一起吃了最後的一餐飯，然後我主動結束了這段感情。

我感謝他給我的一切，帶我走出上一段感情的深淵，感謝他曾經帶給我的快樂，但我不想再繼續了，這次是我決定說再見了。

我對結束感到很遺憾但並不抱歉，他聽完也很冷靜地接受，我們給了彼此一個擁抱，直到擁抱的溫度漸漸流逝。

轉身入關後，我立刻收到一則他傳來的訊息，「說不難過是騙人的。」

我學著不掉眼淚，心裡浮現出他的善良和優點，但我也很明白這些難過是必須經歷的療傷旅程。

回到臺北後，手機又收到他傳來的照片，是我們決定在一起的那天，一起看過的落日，現在只剩下他一個人了。

我心裡湧起一陣很複雜的情緒，愛為什麼會結束呢？心裡的那種酸澀，只能變成祝福，祝福他也祝福自己，某一天會有更適合的人愛他。

放下真的不容易，但這一切都是再次走出來的過程。

一個人要怎麼才能變得從容和勇敢？

要怎麼才能過去那些糾結和難堪？

要怎麼才能找回簡單和愉快？

也許多失去幾次，我們會發現自己早已變得更從容和勇敢了，不再為了愛失去了愛，不再用盡眼淚去等待一個人回不回來。

我們總是希望等待能得到回報，但無論有沒有回報，日子都要繼續過下去。

半年內失戀兩次，第一次是被放下，第二次是我選擇放下。最近的我想要先冷靜一下，不要那麼快就投入下一段感情中。

談錢，傷感情；談感情，傷錢。

我決定去做自己想做的事，於是買了一張飛往法國巴黎的機票，排出了七天的假期，見我十多年沒見的高中學姐。

她是我的益友，卻一度失聯將近十年。這次睽違十多年的見面，我們都有了些轉變，我看著她在擅長的領域混得風生

水起，自成方圓笑看風雲，真的很替她開心。

這幾天我們回到學生時代的快樂，天南地北地到處遊玩和買買買，心裡突然有個感慨，人生不是只有愛情，有一種友情的存在足以撫平愛情的傷痕。

大概是兩年前的某一天，學姐打電話給我，這麼多年的友情，大部分的時間她打電話來也沒什麼重要的事情，就是單純的敘舊聊天。

那天我們聊到一些只有我們兩個人才懂的笑話，她突然對我說，離婚以後想離開待了十年的雪梨，到法國生活。

她難得的沉重語氣告訴我，離婚沒有那麼容易，畢竟結婚十年了，有很多財產的分割問題，如果一個不小心，可能會被分走很多錢。

我很識趣地安慰了她幾聲，但我知道她的理財和處理事情的能力比我強多了，不太需要給太多意見。但聽到她又想到一個人生地不熟的地方重新生活，不禁心頭一緊，畢竟都快要四十歲了，她又要到一個陌生的城市重新尋根、漂泊，她也不會說法文，再加上她所處的金融保險行業在法國並不是

最佳的選擇，薪水比原本的少了兩成。

　　我有點為她感到緊張和不安，掛掉電話後我傳了訊息告訴她，好好思考，不要衝動，凡事不要急著做決定。

　　那天過後，她真的開始朝著去法國工作做準備，雖然過程中也遇到很多困難，最後終於成行。之後，又過了一年左右。這一年來，我很難表達對她搬到法國的擔心，畢竟她是一個很有主見，會把苦往肚子吞的人。

　　這次我想直接到現場關心她過得開不開心。畢竟她總在電話裡說一些五四三，還有停播很久的《康熙來了》裡，有哪些我們才懂的笑點。似乎除了工作、學習語言，日常的吃喝拉撒之外，她沒有什麼其他的社交生活。

　　長大以後，我們各自飛快向前，但這一次，有一種友情的溫暖讓我們把腳步放慢，懷抱著對愛的堅定和相信，勇敢地找尋幸福，不要害怕傷害與期待。

　那些錯過，但不遺憾的人

抵達法國的第二天早上，我約了學姐吃早午餐還有接下來的旅行，用餐時終於沒忍住問了她：「最近的感情狀況還好嗎？」

　　「你怎麼會這麼問？」

　　「沒什麼，就是擔心妳好像除了工作和學習之外，沒有什麼社交生活，妳說妳同事甚至沒有妳私人的手機號碼？……妳是不是還忘不掉前任？」

　　下一秒，一陣咯咯的笑聲傳進我的耳膜，學姐假裝生氣地說：「你是嫌我的電話煩啊？那我以後不打了。」

　　「不是，我是擔心妳。」

　　學姐當即回應：「我知道啦！」

　　「那妳怎麼都不在當地找些朋友，或者跟妳的同事多多認識，幹嘛把時間耗在前任的身上？」

　　「其實前幾天，我們公司還有單身的小女孩問我這個過來人，對於婚姻有什麼忠告。」

　　我好奇地問：「那妳怎麼回答？」

　　「沒事就多談幾場戀愛，多遇到幾個渣男才是最重要的，

說一百句我愛你，都不如轉帳給你來得實際，畢竟金錢不能衡量愛情，但可以過濾愛情。」

年歲漸長以後，越來越了解我們都能在別人的愛情故事裡排憂解難，一旦自己遇到的時候卻還是一塌糊塗。

「妳自己怎麼不再多談幾次戀愛呢？」我開玩笑地對她說。

「別急，你先看看我最近新買的包包好不好看。」

我本來以為學姐想把話題岔開，沒想到她拿出來的名牌包包跟以往會買的款式完全不同。學姐是香奈兒的死忠粉絲，但以前總買那種端莊、優雅的款式，這次她拿出來的是香奈兒的流浪包，雖然都是香奈兒，但風格完全不同，背起來的氣質也多了幾分幹練和率性。

「奇怪了，妳以前絕對不會買這款香奈兒的，怎麼了？」

學姐不以為然地抿嘴一下：「他都到南美洲追夢了，我還背著他以前喜歡的包做什麼？」

我摸不著頭緒只好暫時選擇沉默。

她倒是坦然地繼續說：「以前啊，我前任雖然愛好自由，但喜歡我打扮得有女人味，做一個大方得體的賢內助陪在他的

身邊。所以這麼多年來，我一直都保持著他喜歡的形象。」

我好奇地詢問道：「所以妳自己不喜歡嗎？」

她露出有點無奈的表情說：「既然我選擇結婚，我勢必就得收起一點自己的性格，做好成為他人另一半的準備。婚姻嘛，你要維持下去，就必須了解我們每個人都有自己需要扮演的角色。

「我是不是真的喜歡，並沒有那麼重要了。」她搖搖頭說。

「你問我喜不喜歡？某種意義上，這也是我的選擇，當然我也是喜歡的。」

學姐一番直白的話語，讓我逐漸明白幸福的真諦；兩個人的時候享受陪伴的快樂，一個人的時候過好自己。

學姐現在過得很好，學習、工作，在法國過得很開心，她早已拋下過去，正是覺得一切都很新鮮的時候。

過好自己想過的，無關感情好嗎！要是真對前任念念不忘，那麼當初也不會離婚以後趕快搬家了。她找回了曾經的自己，好好地為自己痛痛快快地活著。

反觀她的前任又再次投入另一場婚姻，在南美洲結婚生

子，現在第二任妻子爲了小孩的教育與成長環境，要求前任搬回澳洲，兜兜轉轉又回到了起點，又回到了他原本想逃離的人生。這難道又是愛好自由的他，真正想要的嗎？

當我喝著咖啡感慨時，學姐把她的香奈兒流浪包揹上身，然後催促著我：「你快點吧，世界那麼大，我們該去看一看了。」

「姐，妳會不會太誇張了。」

學姐甩著流浪包金黑色相間的鏈條，挑眉說：「我前夫除了唱歌之外就是一個大宅男，爲了配合他的生活習慣，我也變了一個人。你忘了以前我大學的時候是多愛鬧多瘋狂的一個人啊。」

我看著她的笑容，心想原來一個人的心境變了，氣場也隨之變了。學姐背著這款率性、休閒的包，整個人年輕了至少十歲，不再像以前那樣拘謹、拘束。

最後我們一起笑鬧著離開了咖啡店，往下一個景點前進。到了我們這個年紀，愛與不愛早已不是生命中重要的事情。讓自己的人生不後悔，無愧於心才是。

剪壞你頭髮的美髮店，你一定不會再去；吃壞肚子的餐廳，你肯定也不會再去。

偏偏一段千瘡百孔的愛情，一遍又一遍地傷害你，卻有很多人放不下。

作家林語堂先生曾經說過一句智慧又溫柔的話，在這裡也分享給大家：

「明智的放棄勝過盲目的執著，

去吹吹風吧，如果能清醒的話，感冒也沒關係。」

愛人一定要先愛自己。人欲得愛，必先自愛。

以上致——都曾受過傷的我們。

LOVE50

那些錯過，但不遺憾的人
從 12 個不完美的關係中，看見成長的勇氣

作　　　者－冒牌生
主　　　編－尹蘊雯
責任編輯－王瓊苹
責任企劃－吳美瑤
封面設計－Ancy Pi
版面設計－李宜芝

編輯總監－蘇清霖
董 事 長－趙政岷
出 版 者－時報文化出版企業股份有限公司
　　　　　108019 臺北市和平西路 3 段 240 號 3 樓
　　　　　發行專線－（02）23066842
　　　　　讀者服務專線－（0800）231705‧（02）23047103
　　　　　讀者服務傳真－（02）23046858
　　　　　郵撥－ 19344724　時報文化出版公司
　　　　　信箱－ 10899 臺北華江橋郵局第 99 信箱
時報悅讀網－ http://www.readingtimes.com.tw
電子郵件信箱－ newlife@readingtimes.com.tw
時報出版愛讀者－ http://www.facebook.com/readingtimes.2
法律顧問－理律法律事務所 陳長文律師、李念祖律師
印　　　刷－絃億印刷有限公司
初版一刷－ 2023 年 8 月 11 日
定　　　價－新臺幣 340 元
（缺頁或破損的書，請寄回更換）

時報文化出版公司成立於 1975 年，
並於 1999 年股票上櫃公開發行，於 2008 年脫離中時集團非屬旺中，
以「尊重智慧與創意的文化事業」為信念。

那些錯過，但不遺憾的人 : 從 12 個不完美的關係中，看見成
　長的勇氣 / 冒牌生著 . -- 初版 . -- 臺北市 : 時報文化出版企
　業股份有限公司 , 2023.08
　224 面 ; 14.8X21 公分
　ISBN 978-626-374-161-4(平裝)

1.CST: 兩性關係 2.CST: 戀愛心理學 3.CST: 自我實現

544.7　　　　　　　　　　　　　　　　112011921

ISBN 978-626-374-161-4
Printed in Taiwan